AF822831

SAMMLUNG GÖSCHEN BAND 31

SPEZIELLE MINERALOGIE

Neunte erweiterte Auflage der „Mineralogie“

von

PROF. DR. R. BRAUNS

bearbeitet von

DR. KARL F. CHUDOBA
ord. Professor der Mineralogie und Petrographie der Universität Bonn

Mit 105 Textfiguren

WALTER DE GRUYTER & CO.
vormals G. J. Göschen'sche Verlagshandlung · J. Guttentag, Verlagsbuchhandlung · Georg Reimer · Karl J. Trübner · Veit & Comp.
BERLIN 1955

Alle Rechte, einschl. der Rechte der Herstellung von Photokopien und Mikrofilmen, von der Verlagshandlung vorbehalten

Copyright 1955 by
Walter de Gruyter & Co.
Berlin W 35, Genthiner Straße 13

Archiv-Nr. 11 00 31
Druck von Rudolf Wendt KG., Berlin N 65
Printed in Germany

Inhaltsverzeichnis

Einleitung

Spezielle Mineralogie

Abkürzungen

D. = Dichte
H. = Härte
K.G. = Kristallgitter
S.A. = Symmetrieachse
S.E. = Spiegelebene
S.Z. = Symmetriezentrum
v. d. L. = vor dem Lötrohr

Literatur

1. Lehr- und Handbücher

Correns, C. W.: Einführung in die Mineralogie (Kristallographie und Petrologie). 1949.

Eskola, P.: Kristalle und Gesteine. 1946.

Hintze, C.: Handbuch der Mineralogie. 1897—1954.

Machatschki, F.: Spezielle Mineralogie auf geochemischer Grundlage. 1953.

Niggli, P.: Spezielle Mineralogie. 2. Aufl. 1926.

Ramdohr, P.: Klockmann's Lehrbuch der Mineralogie. 14. Aufl. 1954.

Schmidt, W. — Baier, E.: Lehrbuch der Mineralogie. 1935.

Strunz, H.: Mineralogische Tabellen. 2. Aufl. 1949.

2. Edelsteine

Chudoba, K. F. — Gübelin, E. J.: Schmuck- und edelsteinkundliches Taschenbuch. 1953.

Eppler, W. Fr.: Edelsteine und Schmucksteine. 1934.

Fischer, W.: Praktische Edelsteinkunde. 1953.

Schloßmacher, K.: Edelsteine und Perlen. 1954.

3. Erze

Ramdohr, P.: Die Erzmineralien und ihre Verwachsungen. 1950.

Regul, R. — Hagen, W.: Der Bergbau in der Bundesrepublik Deutschland. 1951.

Schneiderhöhn, H.: Erzlagerstätten. 1944.

4. Hilfsbücher zum Bestimmen von Mineralien

Köhler, A.: Das Bestimmen der Minerale. 1949.

v. Philipsborn: Tafeln zum Bestimmen der Minerale nach äußeren Kennzeichen. 1953.

Schüller, A.: Die Eigenschaften der Minerale. I. Teil. Die äußeren Kennzeichen insbesondere der erz- und gesteinsbildenden Minerale. 1950. II. Teil. Die Eigenschaften der Minerale. 1954.

Tröger, W. E.: Tabellen zur optischen Bestimmung der gesteinsbildenden Minerale. 1952.

Einleitung

Aufgabe der speziellen Mineralogie. Während die „Allgemeine Mineralogie"[1]) die wichtigsten Grundbegriffe, Erscheinungen sowie Gesetzmäßigkeiten und Beziehungen darlegt, welche für alle oder für eine größere Zahl von Mineralien Gültigkeit haben, werden in der speziellen Mineralogie die einzelnen Mineralien beschrieben.

Dieser Teil der Mineralogie hat demnach die Aufgabe, die verschiedenen Mineralien unserer Erdrinde durch Hervorhebung und Wiedergabe ihrer wesentlichen und bestimmenden Eigenschaften zu kennzeichnen, sowie Angaben über ihre Bildung, ihr Vorkommen und ihre praktische Verwendung zu vermitteln. Selbstverständlich kann im vorliegenden Bändchen nur eine kleine Auswahl von Mineralien zur Charakterisierung gelangen, wobei die Art der Besprechung ebenso wie der Inhalt durch den Umfang des zur Verfügung stehenden Raumes bestimmt bleiben. Aus diesem Grunde wird die Beschreibung auf die wichtigsten nutzbaren Mineralien beschränkt, die entweder als Erze oder Rohstoffe, als Edelsteine oder Salze, als gesteinsbildende Mineralien oder Produkte der Verwitterung usw. eine Rolle spielen.

Systematik. Die beschreibende Kennzeichnung der Mineralien im Rahmen der „Speziellen Mineralogie" erfolgt zweckmäßigerweise nach einem genetischen Einteilungsprinzip. Leider erschließen die vielseitigen Entstehungsmöglichkeiten und gegenseitigen Abhängigkeiten der Mineralien in ihrer Bildungsfolge keine praktisch verwendbare genetische Klassifikationsgrundlage.

Am häufigsten fußt die Systematik der speziellen Mineralogie auf der chemischen Zusammensetzung der Mineralien. Es hat jedoch nicht an Versuchen gefehlt, auch andere Gesichtspunkte für eine übersichtliche Ordnung der Mineralien anzuwenden. So hat man nach morphologi-

[1]) Bd. 29 dieser Sammlung.

schen Gesetzmäßigkeiten und verwandtschaftlichen Verhältnissen klassifiziert, weil auf diese Weise ein tiefer Einblick in die Beziehungen zwischen dem inneren Aufbau (Struktur) und äußerer Morphologie der Mineralien vermittelt werden kann. Aber auch paragenetische und geochemische Zusammenhänge sind zur Grundlage der Zusammengehörigkeit einzelner Mineralien genommen worden, während eine neue und nun allgemein anerkannte Systematik die Mineralien nach kristall-chemischen Erkenntnissen und Gesetzmäßigkeiten ordnet.

Die spezielle Mineralogie dieses Bändchens hat das chemische System zum Einteilungsprinzip, weil die „kristallchemische" Klassifikation in erster Linie die genaue Kenntnis der einzelnen Gittertypen der Mineralien voraussetzt. Die Vorzüge der rein chemischen Anordnung liegen in der leichten und konsequent-straffen Gliederungsmöglichkeit. Hierbei werden Mineralien, die eine Säure enthalten (die also Salze sind), nach dieser und nicht nach dem Metall, das mit der Säure verbunden ist, zusammengefaßt. Die Mineralien, die auf diese Weise zusammengehören, bilden eine Klasse; innerhalb dieser werden sie nach ihrer engeren Verwandtschaft in Gruppen geordnet. Eine allgemeine Übersicht dieser Klassifikation gibt das Inhaltsverzeichnis.

Die Mineralnamen. Für die Benennung der einzelnen Mineralien besteht keine Vorschrift; sie ist für altbekannte Mineralien — die meist mehrere Namen führen — überliefert, für neue meist ganz willkürlich. Nicht selten erfolgt die Namengebung nach dem Fundort oder zu Ehren bestimmter Persönlichkeiten, aber auch nach der chemischen Zusammensetzung. Sehr häufig ist bei Mineralnamen die Endsilbe -it oder -lith (von lithos = Stein) anzutreffen.

Anordnung. Im speziellen Teil zeigt die Beschreibung der einzelnen Mineralien keine streng gegliederte Anordnung. Stets kommen nur die wesentlichen und charakteristischen Eigenschaften zur Betonung.

Bei den chemischen Formeln wird auch die Schreibweise nach H. STRUNZ (Mineralogische Tabellen) angewandt; sie erfolgt für komplexe Mineralien (Karbonate, Sulfate, Phosphate, Silikate) derart, daß innerhalb einer eckigen Klammer die komplexfremden Anionen durch einen Vertikalstrich getrennt vor den Komplex-Ionen (CO_3, SO_3, PO, SiO_4) stehen, während die Kationen in der Reihenfolge der abnehmenden Ionenradien vor der eckigen Klammer zur Anführung gelangen; häufig wird aber ihrer Einfachheit wegen auch noch die alte chemische Oxydbezeichnung angeführt.

Die Kristallform und die Struktur werden durch gelegentliche Zeichnungen und Abbildungen erläutert, die Bildungsart und die wichtigsten Vorkommen sowie Fundorte, vor allem die des deutschen und europäischen Lebensraumes, hervorgehoben. Auch die praktische Bedeutung einer Mineralart für Technik und Wirtschaft kommt meist kurz zur Darlegung.

Spezielle Mineralogie

I. Klasse: Elemente

Natürlich vorkommende, bei gewöhnlicher Temperatur feste oder flüssige chemische Grundstoffe sowie deren homogene Mischungen (Legierungen).

A. Reguläre, geschmeidige Metalle

Gold, Au, meist kleine und undeutliche kubische Kristalle, wie Würfel, Oktaeder und Rhombendodekaeder allein oder in Kombination; seltener auch andere Flächenformen. Weitaus häufiger in blech-, baum- und drahtförmigen Gruppen oder unregelmäßigen Körnern und Blättchen sowie Schüppchen. Zwillinge nach dem Oktaeder häufig; nach der Zwillingsebene ausgedehnte Platten, blechförmig. K. G.: Flächenzentrierter Würfel (Fig. 1). O_h^5; $a_0 = 4{,}070$ Å. Farbe gelb und um so lichter, je höher der Silbergehalt; ganz silberfreies Gold kommt kaum vor. Silberreiches Gold (bis 30% Ag) heißt auch Elektrum. In dünnen Schichten grün durchscheinend. Immer frisch und glänzend. Weich

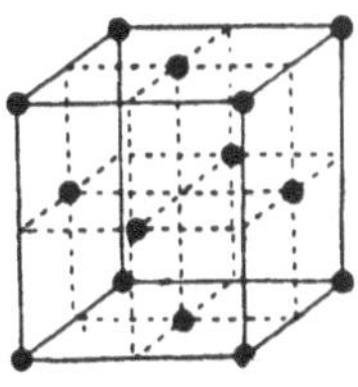

Fig. 1.

(H. = $2^1/_2$—3), sehr geschmeidig, hämmerbar, schwer (D. = 16—19; reines geschmolzenes Gold 19,28). Hakiger Bruch. Gegen Säuren sehr widerstandsfähig; wird nur von Königswasser gelöst. Reines Au schmilzt bei 1062°.

Gediegenes Gold (Freigold) ist das wichtigste Golderz; goldhaltige Erze mit „unsichtbarem" Au treten zurück.

Das auf primären Lagerstätten hydrothermal gebildete Berggold ist an Tiefengesteine (alte Goldquarzgänge) oder an vulkanische Gesteine und deren Tuffe (junge Goldquarzgänge) gebunden. Von alten Goldquarzgängen, die in erster Linie Pyrit und Arsenkies als Erzbegleiter haben, sind erwähnenswert: Brandholz im Fichtelgebirge, Hohe Tauern (Tauerngold), Beresowsk im Ural, der als „Mother Lode" bezeichnete 150 km lange Quarzgang in Californien, die Black Hills in Süd-Dakota, das Porcupine-Gebiet in Canada, Südrhodesien, Kalgoorlie in Australien. Die jungen Golderzgänge kennzeichnen oft Silbermineralien und Telluride (auch Goldtelluride!); als Lagerstätten sind u. a. bekannt: Siebenbürgen (Innenrand des Karpathenbogens mit Brád, Nagyag, Verespatak, Offenbánya, Schemnitz u. a.), Cripple Creek in Colorado am Ostabhang der Rocky Mts., Comstock Lode im Osten der Sierra Nevada, Waihi in Neu-Seeland u. a.

Auf sekundärer Lagerstätte in Form von Blättchen und Körnern (nuggets) in dem Geschiebe vieler Flüsse (auch Rhein, Eder) oder in ausgedehnten Geröllablagerungen (Goldseifen); aus ihnen wird durch Schwemmen und Waschen (Seifengold, Waschgold) gewonnen. Das meiste Gold kommt aus Seifen, von denen die des Sacramento-Tales in Californien, des Yukonriver in Alaska, das Aldangebiet in Sibirien, einzelne Vorkommen in Australien usw. Bedeutung haben. Die größte und berühmteste Goldlagerstätte stellt die „fossile Seife" (verkitte Seife) des Witwatersrand-Konglomerates bei Johannesburg in Transvaal dar.

Meerwasser enthält einen ziemlich konstanten Au-Gehalt von 4,2—4,6 mg in der Tonne.

Die Verwendung von Gold zu Münzen und Schmucksachen (in Legierung von Gold und Kupfer, weil reines Gold zu weich) ist bekannt; der „Feingehalt" (Verhältnis des Au zu Cu in Tausendteilen des Ganzen) von Goldschmuck wird durch eine eingeprägte Zahl (z. B. 0,585) angegeben. Sehr viel Gold wird zum Vergolden, zum Malen von Porzellan, in der Photographie und in der Zahnheilkunde verbraucht. Gold in Barren stapeln die großen Notenbanken.

Silber, Ag. Formen wie das Gold, besonders häufig aber draht-, baum- und moosförmige Gruppen. Kristalle mit Würfel, Oktaeder oder Ikositetraeder, meist größer und schärfer als die von Gold. Zwillinge nach dem Oktaeder, meist nach der Zwillingsfläche plattenartig. K. G.: Flächenzentrierter Würfel (vgl. Fig. 1). O_h^5; $a_0 = 4{,}078$ Å. Farbe silberweiß, oft gelblich oder bräunlich (weil an der Oberfläche durch Bildung von Schwefelsilber angelaufen). Ag ungefähr ebenso hart wie Au, nicht ebenso dehnbar und leichter (D. = 10—12; reines Ag 10,5), hämmerbar. H. = $2^1/_2$—3. Von allen stärkeren Säuren gelöst. Reines Ag schmilzt bei 960°. Bruch hakig. Strich metallglänzend, silberweiß. Ag ist der beste Leiter der Elektrizität.

In aszendenten Erzgängen im Erzgebirge (Freiberg, Schneeberg, Joachimsthal), bei Kongsberg (gute Kristalle!) in Norwegen, Mte. Narbe auf Sardinien, reichlich im Cobalt-Distrikt in Ontario, Silver Islet im Lake Superior. Durch Reduktion von Sulfiden in der Zementationszone Ag-führender Lagerstätten, z. B. in den Anden beider Amerika, vor allem in Mexiko, dann in Neusüdwales und in vielen anderen Ländern.

Im Gegensatz zu Gold ist Silber wesentlicher Bestandteil vieler Erze; überwiegend aus diesen — den Silbererzen (Silberglanz, Rotgültigerz u. a.) — gewonnen. Zu den wichtigsten Silbererzen gehört Bleiglanz. Verwendung wie Gold, besonders auch zu Gebrauchsgegenständen aller Art. Feingehalt von 800 an.

Kupfer, Cu, kristallisiert wie Gold und Silber kubisch, besonders häufig in ästigen Aggregaten. Zwillinge meist nach der Oktaederfläche plattig. K.G.: Flächenzentrierter Würfel (vgl. Fig. 1). O_h^5; $a_0 = 3{,}61$ Å. Farbe kupferrot, wenn frisch, sonst leicht durch Anlauffarben verdeckt. Härte und Dehnbarkeit ungefähr wie Silber, spez. Gew. geringer (8,5—9, gegossen 8,83). Schmelzpunkt 1083°. Bruch hakig. In Säuren leicht löslich.

Hauptvorkommen durch Oxydation sulfidischer Erze, besonders von Kupferglanz, an der Grenze von Zementations- und Oxydationszone, z. B. bei Rheinbreitbach am Rhein und Reichenbach am Odenwald, im Siegenschen (schöne Kristalle auf Grube Käusersteimel), Banat, bei Bisbee in Arizona, in Südwestafrika, Guanaco in Chile. Als hydrothermale Bildung in Melaphyrdecken und Breccien von Quarzporphyren des Präkambriums an der Küste des Lake Superior, zusammen mit Silber- und Zeolithmineralien (Lake-Kupfer).

In Deutschland gewonnenes Kupfer stammt aus Kupfererzen, besonders aus dem Kupferschiefer (einer Ablagerung des unteren Zechsteins, die Buntmetallsulfide in feinverteilter Form in Mergel, Letten oder Tonschiefer enthält), auf den bei Mansfeld in der Provinz Sachsen seit alten Zeiten Bergbau betrieben wird; seit 1948 auch aus dem Kupfererzbergwerk in Sontra bei Bebra.

Kupfer wird zu Münzen und Gerätschaften, als Draht zu elektrischen Leitungen, zu vielen Legierungen, namentlich Messing (Kupfer mit Zink) und Bronze (Kupfer und Zinn) benutzt. Als Kupfersulfat wichtig zur Schädlingsbekämpfung.

Blei, Pb, als Mineral selten. Regulär. Flächenzentrierter Würfel (vgl. Fig. 1). O_h^5; $a_0 = 4{,}93$ Å. Kristalle und Bleche z. B. aus Eisenerzlagern Schwedens.

Platin, Pt, in Körnern und Klümpchen, sehr selten in regulären Kristallen, metallglänzend, stahlgrau und sehr dehnbar. Flächenzentriertes Raumgitter (vgl. Fig. 1). O_h^5; $a_0 = 3{,}903$ Å. Härter als Silber (H. $= 4$—$4^1/_2$) und recht schwer (D. $= 17$—19); enthält immer Eisen und kleine Mengen von Iridium, Palladium, Osmium u. a. seltene Metalle. Reines Platin schwerer (D. $=21{,}5$) als das rohe und in der Glühhitze schweißbar wie Eisen. Gegen Säuren widerstandsfähig wie Gold.

Primärmagmatischer Bestandteil in ultrabasischen Gesteinen, vorwiegend in Duniten und anderen Olivin- und

Chromit-führenden Plutoniten und in den aus diesen entstandenen Serpentingesteinen und deren Seifen. Hauptvorkommen im Ural, primär und in Seifen (Nischne-Tagilsk); gewinnbare Seifenlagerstätten auf der West- und Ostseite des Urals, in Columbia (Südamerika), in Südalaska, auf Borneo usw. Im Bushveld in Transvaal (Südafrika) an Hortonolithdunite (Hortonolith = eisenreicher Olivin) und Hyalosideritdunite (mit eisenärmerem Olivin) gebunden, die schlotförmige Körper (Pipes) bilden; Gehalt 10—30 g Pt/t, örtlich auch reicher. Wird auch als Nebenprodukt aus Nickelmagnetkies des Sudburygebietes, Canada, gewonnen.

Wegen seiner Widerstandsfähigkeit gegen chemische Reagenzien und schweren Schmelzbarkeit (1755°) zu chemischen Gerätschaften verwendet, ferner als Fassung von Brillantschmuck, zu Pyrometern; auf Asbest niedergeschlagen (Platinasbest) in der chemischen Industrie.

Iridium, Ir, das teuerste der Platinelemente. Regulär. D. = 22,6—22,8, H. = 7. Schmelzpunkt 2350°. Unlöslich in Königswasser. Auf Platin- und Goldseifen (Nischne-Tagilsk). Wegen seiner Härte zu Spitzen an Goldfedern verwendet.

Palladium, Pd. Kubisch. H. = $4^1/_2$—5, D. = 11,3—11,8. Farbe lichtstahlgrau. In Seifen in Transvaal, San Domingo (Antillen), selten im Ural. Als Legierung mit Gold (sog. Weißgold) in der Schmuckindustrie verwendet; auch als „Bijouterie-Palladium“ und als „Edelpalladium“ eine Rolle spielend.

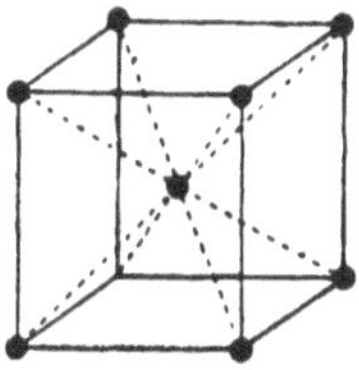

Fig. 2.

Eisen, Fe. Bei Zimmertemperatur kubisch innenzentriert (Fig. 2), sog. α-Eisen (a_0 = 2,86 Å), ferromagnetisch. Bei 768° Umwandlung in β-Eisen (nicht ferromagnetisch), strukturell dem α-Eisen gleich. Nach Erhitzung auf 906° kubisch flächenzentriertes Gitter (vgl. Fig. 1), bei 1401° Umwandlung in eine andere innen-zentrierte Form (δ-Eisen).

Eisen gehört zu den Hauptelementen der Erdrinde; im gediegenen Zustand jedoch selten. Aus Oxyd-Silikatschmelzen mittels Kohlenstoff leicht reduzierbar, so daß schon in vorgeschichtlicher Zeit die Kunst der Eisengewinnung bekannt war (Eisenzeit). Auf der Insel Disko bei Ovifak, Grönland, kommen zentnerschwere Blöcke von irdischem Eisen in Basalt vor, ebenso über faustgroße Stücke im Basalt von Bühl bei Kassel, dann in der Auvergne u. a. Fundorten. Es ist wahrscheinlich durch Reduktion von Eisenerzen entstanden, als eisenreiche Basalte durch Kohlenflöze gedrungen sind.

Ged. Eisen auch in den aus dem Weltenraum auf die Erde gefallenen sog. Meteoriten, die entweder zum größten Teil aus Eisen bestehen, Meteoreisen, oder Eisen nur in geringer Menge enthalten, Meteorsteine. Meteorisches Eisen ist durch einen Gehalt an Nickel ausgezeichnet; von verdünnter Salpetersäure wird es um so weniger angegriffen, je nickelreicher es ist. Selten ist Meteoreisen einheitlich und dann nach den Würfelflächen spaltbar (hexaedrisches Eisen); meist ist es nach den Oktaederflächen schalig gebaut (oktaedrisches Eisen). Der Aufbau tritt durch Ätzen einer polierten Fläche in den sog. Widmannstätten'schen Figuren (Fig. 3) hervor; das nickelärmste Eisen bildet das Balkeneisen (Kamazit); nickelreicheres umsäumt dieses als Bandeisen (Tänit), während eine Mischung beider als Fülleisen (Plessit) die Zwischenräume ausfüllt.

Fig. 3. Schema des oktaedrischen Aufbaues von Meteoreisen.

Als besondere Verbindungen in Meteoreisen sind ausgeschieden: Schreibersit (Fe, Ni, Co)$_3$P, Cohenit Fe_3C, Siliziumkarbid (Moissanit) SiC, Troilit FeS, Graphit u. a.; in anderen, den sog. Pallaseisen, Olivinkristalle. Ein 63,3 kg schweres Meteoreisen ist 1916 bei Marburg gefallen, viele 200—300 kg schwere Blöcke in Südwestafrika gefunden worden. Der größte bisher sicher bekannte Eisenmeteorit ist der etwa 70 t schwere von Farm Hoba-West (Südwestafrika).

Quecksilber, Hg, das einzige bei gewöhnlicher Temperatur flüssige Metall, das bei —39° rhomboedrisch erstarrt. Zinnweiß, stark metallglänzend und ziemlich schwer (D. = 13,6). Siedet bei 350°. Giftig.

Als Verwitterungsprodukt von Zinnober in Form von kleinen Tröpfchen auf Zinnoberlagerstätten bei Moschellandsberg in der Rheinpfalz, bei Idria in Krain, Almaden in

Spanien, San José in Californien usw. Gelegentlich auch auf Erzgängen, z. B. Friedrichssegen bei Oberlahnstein, Szlana in Ungarn, Sala in Schweden. Das meiste Quecksilber wird aus Zinnober gewonnen.

Mit Silber bildet Quecksilber natürliches Amalgam, das Kongsbergit (mit > 40% Ag) und Moschellandsbergit (mit ~ 70% Hg) umschließt; beide metallglänzend, silberweiß und kubisch. Goldamalgam (mit etwa 40% Au) auf Pt-Seifen Columbiens und in Californien.

Zur Herstellung von Thermometern und Barometern, von Spiegelbelag, künstlichem Zinnober, in der Medizin (Sublimat), zum Verfilzen von Filzen, zu Schiffanstrichfarben usw. verwendet. Da sich Hg leicht mit Au zu Amalgam verbindet, d. h. Gold auflöst, wird es (neben Zyankalium) benutzt, um fein verteiltes Gold von den begleitenden Mineralien zu trennen.

B. Rhomboedrische, spröde Metalle

Arsen, As. Kristalle selten, würfelähnlich oder nadelig, meist jedoch feinkörnig, knollig oder dicht und in der Regel krummschalig mit nierenförmiger Oberfläche (Scherbenkobalt, besonders wenn die einzelnen dünnen Schalen sich voneinander abheben lassen). Raumgruppe für As, Sb und Bi D_{3d}^{5}; Elementarzelle ein einfaches Rhomboeder, das einem etwas abgeplatteten Würfel entspricht. Auf frischem Bruch ist Arsen hellbleigrau und metallglänzend, läuft aber schnell dunkel an und wird matt sowie schwarz. Giftig. Spröde. H. = 3—4, D. = 5,7. V. d. L. flüchtig, ohne zu schmelzen; entwickelt dabei Knoblauchgeruch.

Als hydrothermales Produkt untergeordnet auf Erzgängen im Harz (St. Andreasberg), Erzgebirge (Schneeberg, Freiberg, Johann-Georgenstadt usw.), bei Příbram in Böhmen, im Schwarzwald (Wittichen), in den Vogesen (Markirch), Kongsberg (Schweden); gute Kristalle von Sterling Hill, New Jersey. Umwandlung in Arsenolith, As_2O_3.

Arsen wird als Zusatz bei der Schrotfabrikation, in der Medizin, als As_2O_3 und in Form von Arseniaten zur Insektenbekämpfung benutzt. Das meiste Arsenik (As_2O_3) wird aus

Arsenkies und Arseneisen (Reichenstein in Schlesien, Boliden in Schweden) dargestellt.

Antimon, Sb, meist derb und eingesprengt, körnig, blättrig; zinnweiß, metallglänzend, spröde. H. = 3—3$^1/_2$, D. = 6,6—6,7. V. d. L. leicht schmelzbar (bei 629°), flüchtig mit weißem Rauch und weißem Beschlag auf der Kohle. Gediegenes Antimon ist selten, das meiste wird aus der Schwefelverbindung, dem Antimonglanz, dargestellt.

Vorkommen auf Erzgängen, z. B. St. Andreasberg (Harz), Přibram (Böhmen), Waldenstein (Kärnten), Allemont und Sala (Schweden), bei Coïmbra (Portugal) und an anderen Fundorten.

Antimon wird hauptsächlich zu Legierungen (Letternmetall), als Lagermetall, Zusatz zu Akkumulatorenblei und Lötzinn, zu Gummi und Emaille verwendet.

Wismut, Bi, selten Kristalle; vorwiegend in Form von eckigen Körnern und federförmigen Aggregaten, gestrickten und baumförmigen Blechen oder derb. Rötlich-silberweiß, metallglänzend, nur wenig spröd. H. = 2—2$^1/_2$, D. = 9,7—9,8. V. d. L. leicht schmelzbar (bei etwa 280°), vollständig flüchtig; heiß ein orangegelber, kalt zitronengelber Beschlag auf Kohle.

Bildungsbereich schon pegmatitisch-pneumatolytisch, z. B. in Zinnerzgängen von Altenberg und Zinnwald im Erzgebirge, vorwiegend jedoch hydrothermal, wie im Erzgebirge (Schneeberg u. a.), im Schwarzwald (Wittichen), besonders reichlich bei Tasna in Bolivien usw. Das meiste Wismut liefern die wismutreichen Kupfererze von Peru (Cerro de Pasco, Oroya-Hütte) und Australien.

Wismut wird u. a. zur Herstellung von leichtflüssigen Legierungen verwendet; eine von diesen, die Woodsche Legierung, enthält 50% Bi, 25% Pb, 12$^1/_2$% Sb, 12$^1/_2$% Cd, und schmilzt schon bei 60,5°.

C. Nichtmetalle

Schwefel, S, kristallisiert in rhombischer (D_{2h}^{24}) und monokliner (C_{2h}^{5}) Form; der monokline Schwefel (β-Schwefel) entsteht unter atmosphärischem Druck oberhalb +95°, z. B.

in Vulkankratern, bildet sich da aber in den rhombischen (α-Schwefel) um, wobei die ursprüngliche Form der monoklinen Prismen manchmal erhalten bleibt.

Der **rhombische** Schwefel ist die allein bei niedriger Temperatur beständige Form. Oft in schönen, aufgewachsenen Kristallen, an denen eine Bipyramide vorherrscht. Eine häufige Kombination in Fig. 4 (Bipyramide mit einer stumpferen Bipyramide, Basis und einem Längsprisma); Flächenausbildung auch hemiedrisch (sphenoidisch) und verzerrt. Zwillinge selten. Auch körnig, nierig, stalaktitisch, derb, erdig, mehlig, als Anflug. Gitter äußerst verwickelt (128 Atome in 16 ringförmigen Gruppen, die Molekülen entsprechen). Kristalle gelb (schwefelgelb); derbe Massen durch fremde Beimengungen auch braun; durchsichtig bis undurchsichtig. Lichtbrechung hoch. Positive Doppelbrechung stark, direkt beobachtbar. H. < 2, D. $= 2{,}0$—$2{,}1$. Spröde; Kristalle zerspringen schon in der warmen Hand. Leicht schmelzbar (113°); an der Luft unter Entwicklung eines stechend riechenden Gases (SO_2) mit bläulicher Flamme verbrennbar. In Schwefelkohlenstoff leicht löslich. Sehr schlechter Elektrizitätsleiter; beim Reiben negativ elektrisch. Aus einer Lösung rhombisch, aus der Schmelze monoklin kristallisierend.

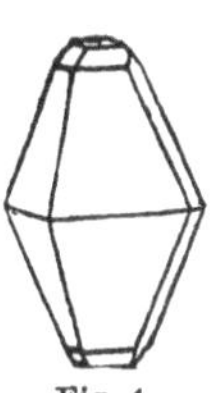

Fig. 4.

Schwefel findet sich sedimentär durch Reduktion von Sulfaten mittels organischer Substanz (biochemische Fällung); besonders reichlich mit Gips und Cölestin in tertiären Schichten der Prov. Girgenti und Caltanisetta auf Sizilien, wo er in unterirdischen Gruben gewonnen und durch Schmelzen von dem mitvorkommenden Gestein getrennt wird; gleicher Bildungsart sind verschiedene Vorkommen der deutschen Zechsteinsalze. Ausgedehnte Lager im Staate Louisiana. Gewinnung hier durch Einleitung von überhitztem Wasserdampf in die doppelt verrohrten Bohrlöcher, wodurch der Schwefel geschmolzen und so gefördert wird. Geringe Mengen von Schwefel bilden sich an Vulkanen und aus Schwefelquellen (Aachen). Der von Quellen abgesetzte Schwefel ist meist feinpulverig (Mehlschwefel). Auch Verwitterungsprodukt mancher Sulfide.

Schwefel wird zu Zündhölzern, zur Darstellung von Schießpulver und Schwefelsäure, zum Vulkanisieren von Kautschuk, zum Bleichen, zum Ausschwefeln, Desinfizieren, in der Sulfidzellstoffindustrie usw. benutzt.

Diamant, chemisch reiner Kohlenstoff, C. Kristallisiert kubisch, meist in Oktaedern, nicht selten in Würfeln und Rhombendodekaedern; andere Formen zurücktretend. Durch Wiederauflösung charakteristische Rundung der Flächen

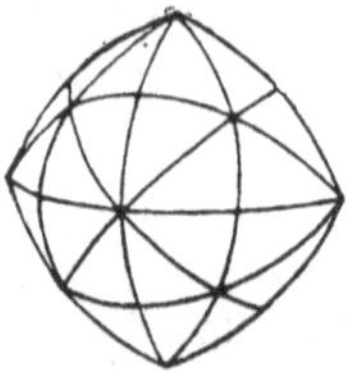

Fig. 5.

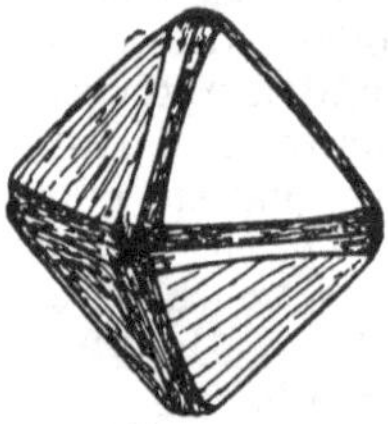

Fig. 6.

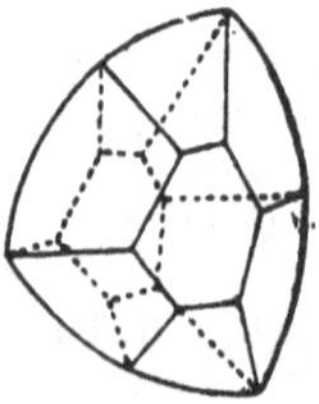

Fig. 7.

(Fig. 5), Ätzerscheinungen, Scheinflächen, Streifung der Flächen, Kerbung der Kanten (Fig. 6). Auch verzerrte und unregelmäßig gestaltete Kristalle. Flache, linsenförmig gerundete Kristalle sind Zwillinge nach einer Oktaederfläche (Fig. 7). Die Diamantkristalle sind stets ringsum ausgebildet, also schwebend entstanden. Kristallgitter (Fig. 8) $a_0 =$ 3,559 Å, O_h^7. Diamant ist das härteste Mineral (H. = 10); leicht zu zerkleinern, da er spröde ist und Spaltbarkeit nach den Flächen des Oktaeders besitzt. Im Altertum hielt man ihn für unzerstörbar und nannte ihn daher den Unbezwingbaren (adámas). Diamant ist völlig farblos („Steine vom ersten Wasser"), sehr häufig aber schwach-gelblich (besonders der vom Kap), grau oder grünlich; reine intensive Farben sind

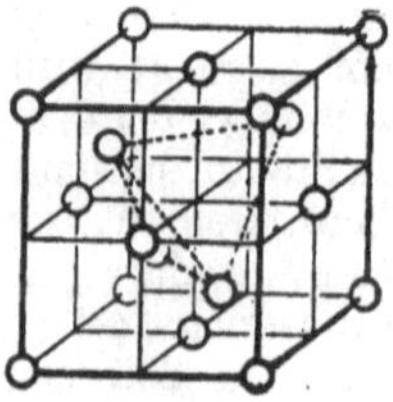

Fig. 8.

selten. Durch ein kurzes und nicht zu intensives Bombardement mit schnellen Elektronen (Deuteronen) eines Zyklotrons werden praktisch alle Diamanten grün. Diamant ist durchsichtig, oft auch trüb und fast undurchsichtig. Kennzeichnend sind verschiedene Einschlüsse, besonders bei mikroskopischen Untersuchungen. Als „lupenrein" gilt ein Diamant, wenn er bei Betrachtung mit zehnfach vergrößernder Lupe ohne Fehler vorliegt. — Charakteristisch für Diamant ist die hohe Lichtbrechung ($n = 2{,}407$ für Rot, 2,417 für Gelb, 2,465 für Violett) und starke Farbenzerstreuung; daher der Glanz und das Feuer der geschliffenen Steine. — Bei genügend hoher Temperatur kann Diamant vollständig verbrannt werden. D. = 3,52.

Der Diamant kommt aus Indien (seit den ältesten Zeiten), Brasilien (seit 1728), Südafrika (seit 1867), Südwestafrika (seit 1908) und Tanganyika Territory (seit 1939); ferner sind das Namaqualand an der Diamantküste, Belgisch Kongo, Portugiesisch Angola, Sierra Leone, Britisch Guyana, Venezuela u. a. für Diamant bemerkenswert. Wirtschaftlich ohne Bedeutung sind die Diamantfunde in den USA. Nur in Südafrika und im Tanganyika Territory in Afrika liegt der Diamant in einem durch vulkanische Eruption an die Oberfläche geförderten olivinreichen Eruptivgestein (Kimberlit), das Explosionsschlote (pipes) in tuff- und breccienartiger Form erfüllt. Diesen primären Vorkommen stehen die sekundären in diesen und allen anderen Ländern in Sand oder sonstigen Geröllablagerungen gegenüber. Auch in Meteoreisen konnte Diamant gelegentlich beobachtet werden.

Diamant ist von jeher der geschätzteste Edelstein; er wird am häufigsten in Brillantform (Fig. 9), dann in Rosettenform u. a. Schliffarten geschliffen (Idar-Oberstein, Hanau, Amsterdam, Antwerpen, Tel Aviv). Die Brillanten werden frei — à jour — gefaßt; durch die Winkel der Facetten und ihre Größenverhältnisse sowie Proportionen erreicht der Brillantschliff das Optimum an Glanz und Feuer. Die Rosetten bekommen oft eine Unterlage (Folie) und sind bei gleichem Gewicht weniger wertvoll als Brillanten. Der Wert wird außer nach Farbe, Reinheit und Schliff nach dem Gewicht bestimmt; als Gewicht dient beim Diamant, wie überhaupt im Edelsteinhandel, das Karat (0,2 g). Einer der größten, auf der

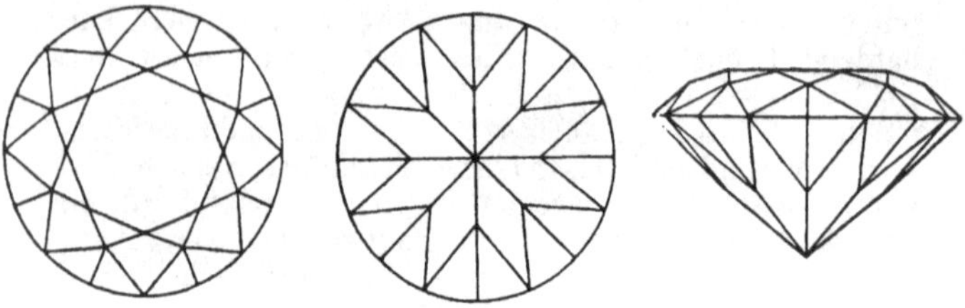

a b c

Fig. 9. Brillantschliff: a) von oben, b) von unten, c) von der Seite.

Premier-Mine bei Pretoria gefundenen Diamanten, der „Cullinan“, wog 3025 Karat = 610 g; aus ihm wurden für den König von England (1908) 105 Steine geschliffen, deren größter 516½ Karat wiegt und den größten geschliffenen Diamant darstellt.

Die trüben Diamanten, die als Diamantbort in den Handel kommen, dienen zum Schneiden von Glas, zum Abdrehen von Maschinenteilen; durchbohrte in der Feindrahtzieherei; gepulverte als Schleifmittel zum Schleifen von Diamant und anderen harten Edelsteinen; scharfe Splitter dienen als Schreibdiamant zum Schreiben auf Glas. Eine feinkörnige, etwa wie Koks aussehende Art, Karbonado genannt, wird an Bohrmaschinen zum Bohren in harten Gesteinen (Tunnel- und Tiefbohrungen) benutzt; sie kommt aus Brasilien, wie die Bortkugel oder Ballas, dichte, oft radialstrahlige Massen bildend.

Eine künstliche Darstellung von Diamant ist bis 1954 noch nicht gelungen.

Graphit, die hexagonale Modifikation des reinen Kohlenstoffs, stellt die bei niedrigen und auch bei recht hohen Drucken stabile (d. h. energieärmste) Zustandsform des C dar. Graphit findet sich meist in derben, blättrigen und schuppigen Massen, selten in sechseckigen Tafeln oder gar Kristallen. Typisches Schichtengitter (Fig. 10). D_{6h}^4. Nach der tafeligen Basis sehr vollkommen spaltbar. Undurchsichtig, metallglänzend, schwarz und sehr weich (H. = 1), färbt daher sehr stark ab. D. = 2,25 rein (sonst 2,09—2,30). Sehr schwer zu verbrennen. Guter Leiter der Elektrizität.

Vorwiegend Produkt der Metamorphose kohliger oder bituminöser Ablagerungen in den Alpen, im Apennin, bei

Pargas (in Marmor) in Finnland usw. Auf pegmatitischen Gängen wahrscheinlich durch Zersetzung von aszendenten Kohlenwasserstoffen entstanden (Ceylon, Indien, Canada). Auch untergeordneter Gemengteil von Eruptivgesteinen (im Gabbro von Harzburg) und Meteoriten. In Deutschland ist von den verschiedenen Graphitvorkommen (Tirschenreuth, Bodenmais, Pfaffenreuth, Groß- und Klein-Klenau u. a.) nur das bei Kropfmühl in der Nähe von Passau von wirtschaftlicher Bedeutung; der Graphit tritt hier flözartig in einem von Gängen verschiedener Eruptivgesteine durchbrochenen glimmerreichen Gneis auf.

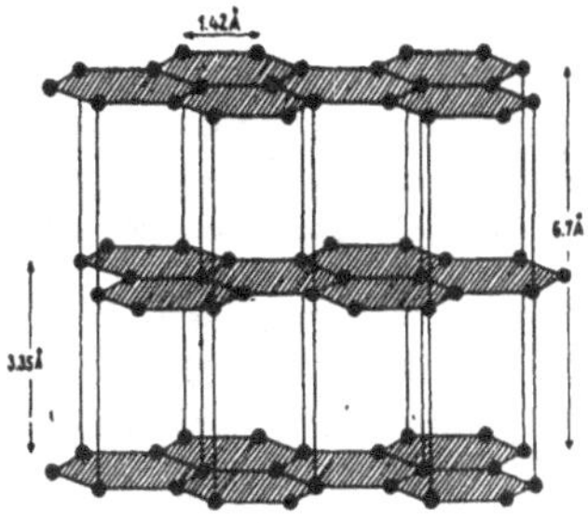

Fig. 10. Graphitgitter.

Der blättrige Graphit (Flinz) wird zu Schmelztiegeln und als Schmiermittel verwendet, der amorphe (bzw. erdige) zur Fertigung von Bleistiften, Elektroden, Schleifbürsten, Kohlenstäben (für Trockenbatterien), als Farb-, Schmier- und Poliermittel, aber auch in der Eisen-, Stahl- und Gießereiindustrie.

II. Klasse: Sulfide und Sulfosalze

Zu den Sulfiden zählen die natürlichen Schwefelverbindungen der Metalle und Metalloide (As, Sb, Bi, Se und Te). Den Sulfiden ähnlich sind in vielen Fällen die entsprechenden Arsenide, Antimonide, Selenide und Telluride; sie werden demnach hier mit einbezogen. Als Sulfosalze gelten Verbindungen von Sulfobasen (Schwefelbasen) (Ag_2S, Cu_2S, PbS) mit Sulfosäuren (Sb_2S_3, As_2S_3, Sb_2S_5, As_2S_5).

Als zweckmäßig erweist sich noch heute die Gliederung der Sulfide und Sulfosalze in Kiese, Glanze, Fahle und Blenden, weil vielfach die deutschen Erznamen mit diesen Einteilungsbezeichnungen verknüpft sind.

A. Kiese

Schwefelverbindungen, die metallisch, undurchsichtig und von heller Farbe sind, schwärzlichen Strich und meist größere Härte haben, heißen Kiese.

Magnetkies, vorwiegend $Fe_{11}S_{12}$ (Gitter-Leerstellen für Fe); FeS als „Troilit" nur in Meteoriten. Kristallisiert hexagonal, bildet meist derbe, nach einer Richtung spaltbare Massen; Kristalle (sechseckige Tafeln) selten. Gitter ähnlich Rotnickelkies, D_{6h}^4. Auf frischem Bruch bronzegelb, metallglänzend; läuft schnell tombakbraun an und wird matt. Spröde. Kleine Splitter werden von einem Magneten angezogen. H. = 4, D. = 4,6. Entwickelt mit Salzsäure Schwefelwasserstoff; leicht schmelzbar.

In basischen Tiefengesteinen, besonders der Gabbrofamilie, magmatisch gebildet; durch Entmischung im flüssigen Zustand lokale Anreicherung zu großen Lagerstätten, die dann den Magnetkies durch seinen nie fehlenden Gehalt an Pentlandit (S. 22) zum wichtigsten Nickelerz erheben; solche Lager z. B. auf der Nordostseite des Huronsees bei Sudbury in Canada, die gleichzeitig Platin (S. 13) als Nebenprodukt liefern. Magnetkies bildet sich auch pegmatitisch-pneumatolytisch (in manchen Zinnerzgängen), sowie in pneumatolytischen Verdrängungen verschiedener Art, z. B. bei Tunaberg in Schweden, bei Bodenmais im Böhmer Wald. Hydrothermaler Entstehung ist er u. a. in den ältesten Gängen von Freiberg, St. Andreasberg, auf einigen Siegerländer Spatgängen. Als Einschluß in niederrheinischen Basalten häufig; oft durch Abröstung von Schwefelkies entstanden.

Reiner Magnetkies dient zur Herstellung von Eisenvitriol und Polierrot (Potée).

Pentlandit, auch Eisennickelkies $(Fe, Ni)_9S_8$. Gewöhnlich kleine Körner im derben Magnetkies, dem er sehr ähnlich. D. = 4,6—5. Wichtigstes Nickelerz. In allen liquidmagmatischen Magnetkieslagerstätten (vgl. S. 22) neben Kupferkies vorhanden. Vorherrschendes Vorkommen bei Sudbury in Ontario, Canada, aus einem Noritmagma ausgeschieden.

Erwähnenswert sind Petsamo und Nivala in Finnland, Evje und andere Vorkommen in Norwegen, Montsche Tundra auf der Halbinsel Kola, das Bushveldmassiv in Transvaal, in Deutschland Sohland an der obersten Spree, Horbach im Schwarzwald.

Millerit, NiS, trigonal, Kristalle meist dünnsäulig, nadelig, haarförmig (Haarkies!), manchmal radialstrahlige Büschel und Haarfilze. Messinggelb, zuweilen grau oder bunt angelaufen. H. = $3^1/_2$, D. = 5,3. V. d. L. magnetische Kugel. Nickelperle. Vorwiegend aus anderen Nickelerzen gebildet, daher auf Ni-Lagerstätten und Gängen (z. B. Johann-Georgenstadt); manchmal hydrothermal. Vorkommen u. a. neben Eisenspat im Siegerland und Nassau, in Toneisensteingeoden einiger Kohlenflöze, wie bei Saarbrücken. Selten derb. Gelegentlich von grüner Nickelblüte — $Ni_3(AsO_4)_2 \cdot 8\,H_2O$ — beschlagen.

Rotnickelkies (Nickelin), NiAs, Kristalle hexagonal (D_{6h}^4); meist in derben, hellkupferroten Massen, die oft einen Anflug von apfelgrüner Nickelblüte besitzen. H. = $5^1/_2$, D. = 7,7 bis 7,8. Ist spröde, zum Unterschied von geschmeidigem Kupfer. Entwickelt, auf Kohle erhitzt, knoblauchartigen Geruch; gibt in heißer Salpetersäure eine grüne Lösung, aus der sich kleine Kristalle von As_2O_3 abscheiden.

Als Nickelerz auf hydrothermalen Gängen des böhmisch-sächsischen Erzgebirges, bei Wolfach und Wittichen im badischen Schwarzwald, mit anderen Nickel- und Kobalterzen bei Bieber und Richelsdorf in Hessen, usw.; auch im Mansfelder Kupferschiefer.

Schwefelkies (Eisenkies, Pyrit), FeS_2, kristallisiert regulär-pyritoedrisch (als Markasit, S. 25, rhombisch). Die häufigsten Formen sind Würfel, Oktaeder, Pyritoeder und Diploeder, verschiedenartig miteinander kombiniert; in Fig. 11 die Kombination von Würfel mit Pyritoeder. Häufig auch Vereinigungen von Pyritoeder mit Oktaeder (Fig. 12) und Diploeder, die eine verschiedene Tracht haben, je nachdem die eine oder andere Form vorherrscht. Durch Abwechseln der Würfel- und Pyritoederflächen sind die

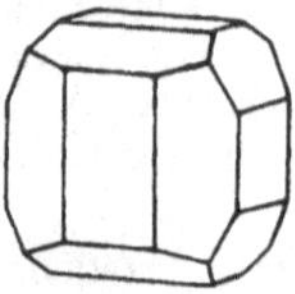
Fig. 11.

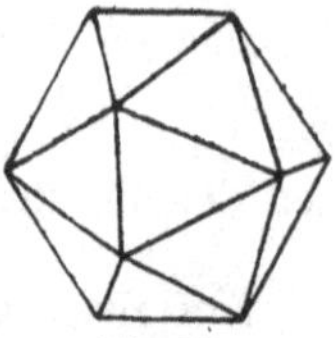
Fig. 12.

Fig. 13.

Würfel meist parallel einer Kante gestreift (Fig. 13). Zwei durcheinander gewachsene Pyritoeder bilden die Zwillinge des eisernen Kreuzes (Fig. 14). Die Struktur des Pyrits entspricht der des Steinsalzes, in der die Stellen der Cl-Ionen zweiatomige Schwefelmoleküle einnehmen (Fig. 15); die schräge Lage derselben bedingt die pyritoedrische Struktur. $a_0 = 5{,}418$ Å, T_h^6. Farbe messinggelb; lebhafter Metallglanz. Bei Verwitterung durch Bildung von Eisenhydroxyd braun und matt. Pseudomorphosen von Brauneisenstein nach Pyrit beobachtet. H. = 6—6½, D. = 5,0—5,2. Gibt mit Feuerstein Funken, daher sein griech. Name pyrites = Feuerkies. Beim Erhitzen an der Luft bildet sich SO_2 (Geruch); bei Luftabschluß entweicht Schwefel. Nach Erhitzen auf Kohle bleibt ein magnetisches Korn.

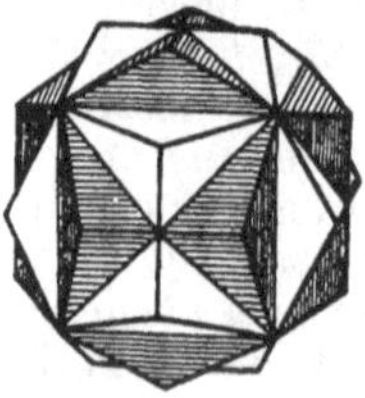
Fig. 14.

Schwefelkies ist ein sehr verbreitetes Mineral („Hans in allen Gassen"), das unter fast allen natürlichen Bildungsmöglichkeiten entstehen kann. Die schönsten Kristalle kommen u. a. von Elba, von Brosso und Traversella in Piemont. Ringsum ausgebildete Kristalle finden sich, im Keupermergel eingewachsen, bei Vlotho an der Weser; von hier auch Zwillinge des eisernen Kreuzes. Oft sind die Kristalle zu Gruppen zusammengewachsen, nicht selten sind auch kugelige, im Innern strahlige Aggregate zu beobachten.

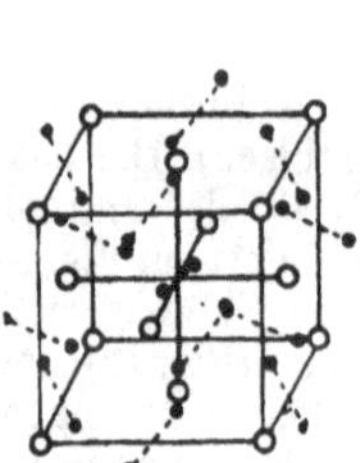
Fig. 15.

Ausgedehnte selbständige Lager von Schwefelkies in Meggen a. d. Lenne (Westfalen), am Rammelsberg bei Goslar (Harz), bei Rio Tinto (Spanien), Sulitelma in Norwegen u. a. sind verschiedenartigster Bildung; in den meisten wird zugleich Cu aus Kupferkies gewonnen. Ganz allgemein auf sulfidischen Erzgängen (Harz, Siegerland). Wichtig als Hauptträger des Goldes, vor allem im Witwatersrand-Konglomerat in Transvaal (vgl. S. 10); als Konkretion (würfelförmig) in bituminösen Tonen und in den aus ihnen entstandenen Phylliten, Schiefern usw. Häufig in Kohlen als Versteinerungsmittel von Fossilien. Verwittert bei Zutritt von Luft und Wasser leicht zu Eisenhydroxyd (Brauneisen), das für den „Eisernen Hut" charaktestisch ist.

Schwefelkies wird auf Schwefelsäure, Eisenvitriol und Schwefel verarbeitet. Das als Röstprodukt verbleibende Eisenoxyd wird auf Eisen verhüttet und als rote Farbe, als Poliermittel usw. benutzt; auch bedeutsames Schwefelerz für die Zellulose-Industrie. Durch Goldgehalt wichtiges Golderz, durch Kupferkiesgehalt auch Kupfererz.

Markasit, rhombische Modifikation von FeS_2 (vgl. Pyrit, S. 23). Einzelkristalle selten, meist Zwillinge, die nach ihrer Form auch Speerkies und Kammkies (Fig. 16) genannt werden. Struktur dem Typus nach ähnlich Pyrit. D_{2h}^{12}. Farbe wie Pyrit, aber ins Grünliche, metallisch glänzend, jedoch weniger lebhaft als Schwefelkies. H. = 6—6½, D. = 4,8 bis 4,9. — Nicht so verbreitet wie Schwefelkies; am häufigsten in hydrothermalen Verdrängungslagerstätten in Kalken und Dolomiten (Aachen, Wiesloch, Oberschlesien), aber auch in Erzgängen (aszendent gebildet), z. B. Clausthal, Freiberg. Pseudomorph nach verschiedenen Mineralien sowie Vererzungsmittel. Konkretionär in Tonen, Mergeln, Braunkohlen (z. B. Brüx in Böhmen). „Markasitknollen" in der Kreide der

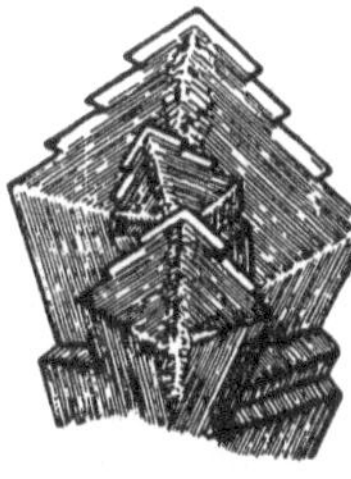

Fig. 16.

Champagne, aber auch ein Teil des „Markasits“ der Zinkvorkommen Oberschlesiens, dürften Melnikovitpyrite sein, die aus der Gelform des Eisenbisulfids, Melnikovit genannt, gebildet wurden. Markasit entsteht bei niedriger Temperatur und aus sauren Lösungen; er geht oberhalb 400° monotrop in Pyrit über; verwittert leicht zu Eisenvitriol und Schwefelsäure. Verwendung wie Schwefelkies; der „Markasit“ der Schmuckindustrie ist Pyrit.

Bravoit (Mechernichit), $(Fe, Ni)S_2$; ein Pyrit, bei welchem Fe bis etwa zur Hälfte durch Ni ersetzt ist. Deutlich brauner als Pyrit. Imprägnation auf der Bleierzlagerstätte Mechernich in der Eifel, aber auch Umwandlungsprodukt in pentlanditführenden Magnetkieserzen.

Sperrylith, $PtAs_2$, regulär (T_h; $a_0 = 5{,}93$ Å). Meist kleine Kriställchen (Würfel mit Oktaeder und Pentagondodekaeder), große Kristalle in pegmatitischen Bildungen des Potgietersrust-Distriks in Transvaal. Sehr stark metallglänzend. Zinnweiß. H. = 6—7, D. = 10,6. Zuerst entdeckt in Goldquarz bei Sudbury. Sperrylith ist der Hauptträger des Pt-Gehaltes aller Nickelmagnetkiesvorkommen. Reichlich in den Pt-Vorkommen des Bushvelds in Transvaal. Außerordentlich widerstandsfähig gegen Verwitterung.

Arsenkies (Mißpickel), FeAsS, kristallisiert monoklin (C_{2h}^5), aber pseudorhombisch; die immer kleinen Kristalle sind kurzprismatisch, am Ende begrenzt von einem flachen, gestreiften Längsprisma (wichtiges Kennzeichen) (Fig. 17; alte Aufstellung!). Häufig Drusen und Gruppen. Zwillinge z.T. Durchkreuzungszwillinge. Zinnweiß oder dunkler, wenn angelaufen; ist vom Markasit durch die Farbe zu unterscheiden. Metallglänzend. H. = $5^1/_2$—6, D. = 5,9—6,2. Entwickelt, auf Kohle erhitzt, knoblauchartigen Geruch.

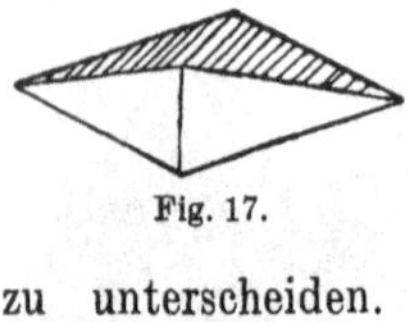

Fig. 17.

Findet sich hauptsächlich auf pneumatolytischen und hydrothermalen Gängen und Verdrängungslagerstätten; so auf Zinnerzgängen (Erzgebirge, Cornwall usw.), Goldquarzgängen (Brandholz im Fichtelgebirge), Silbererzgängen (Freiberg in Sachsen, St. Andreasberg) und in Kontaktkalken (Reichenstein in Schlesien); auch in metamorphosierten oder im Grundgebirge liegenden Lagerstätten, wie Bayerland bei Waldsassen, vor allem aber Boliden im Skellefteå-Distrikt (Nordschweden), der größten As-Lagerstätte der Welt, die aber auch bedeutsame Mengen Gold liefert; Au ist mechanischer Beimengung.

Die Hauptverwendung von Arsenkies ist die Gewinnung arseniger Säure zur Bekämpfung von Insektenschädlingen.

Das in feinen Nadeln, meist aber derb vorkommende **Arseneisen** (Löllingit) unterscheidet sich von Arsenkies durch seine Zusammensetzung, indem es nur aus Eisen und Arsen ($FeAs_2$) besteht; es ist meist hydrothermaler Bildung (St. Andreasberg im Harz, Schladming in der Steiermark); im Serpentin bei Reichenstein in Schlesien. Gegenüber Arsenkies weicher (H. = 5) und schwerer (D. = 7,1—7,4), im frischen Bruch heller.

Safflorit, $CoAs_2$, rhombisch (D_{2h}^{12}); derb, vom Speiskobalt (S. 27) schwer zu unterscheiden. Ein erheblicher Teil des „Speiskobalts" in den Sammlungen ist Safflorit. Vorkommen auf CoNiAg-Erzgängen (Schneeberg, Joachimsthal, Wittichen, Niederramstadt bei Darmstadt). D. mit 6,9—7,3 höher als bei Speiskobalt (6,4—6,6).

Rammelsbergit, $NiAs_2$, rhombisch (D_{2h}^{12}). Kristalle selten. D. deutlich höher als Speiskobalt, nämlich 7,1. Reichlich in den Mansfelder Rücken, Schneeberg in Sachsen u. a. Erzgängen der Co-Ni-Ag-Formation.

Speiskobalt (Smaltin), $CoAs_{2-3}$, regulär-pyritoedrisch (aber mit Schwefelkies nicht isomorph). Würfel mit Oktaeder und Rhombendodekaeder, ähnlich wie Bleiglanz, von dem er sich durch das Fehlen von Spaltbarkeit und die Blaufärbung der Boraxperle leicht unterscheidet. Gitter besonderer Typ. T_h^5. Zinnweiß bis stahlgrau, dunkelgrau anlaufend, metallglänzend. H. = $5^1/_2$, D. = 6,4—6,6.

Von Speisekobalt ist Chloanthit wesentlich nur durch die Zusammensetzung ($NiAs_{2-3}$) unterschieden; auch bei diesem Erz ein Überschuß von As (frühere Formeln $NiAs_2$ bzw. $CoAs_2$).

Beide Mineralien auf hydrothermalen Gängen, wie im böhmisch-sächsischen Erzgebirge, Wittichen im Schwarzwald, Niederramstadt bei Darmstadt usw.; in Uranerzen am großen Bärensee. In Paragenese oft Safflorit (vgl. S. 27).

Durch Verwitterung entsteht aus Speisekobalt rote Kobaltblüte, aus Chloanthit grüne Nickelblüte; beide sind wasserhaltige, arsensaure Salze, das eine von Co, das andere von Ni.

Kobaltglanz (Glanzkobalt), CoAsS, kristallisiert wie Schwefelkies regulär-pyritoedrisch; neben Pentagondodekaeder stellen Oktaeder mit Pentagondodekaeder (Fig. 18; in Fig. 12 dieselben beiden Formen im Gleichgewicht) die häufigste Kombination dar. Würfel gelegentlich gestreift. Zwillinge sehr selten. Auch körnig eingesprengt. K.G. wie Pyrit (Fig. 15), aber jeweils ein S der S_2-Komplexe („Hantel") durch As ersetzt. T^4. $a_0 = 5{,}60$ Å. Zum Unterschied von Schwefelkies ist Kobaltglanz rötlich-silberweiß, etwas weicher (H. = $5^1/_2$) und schwerer (D. = 6,2). Nach dem Würfel spaltbar. Stark metallglänzend. Boraxperle blau. Häufiger Beschlag von Kobaltblüte.

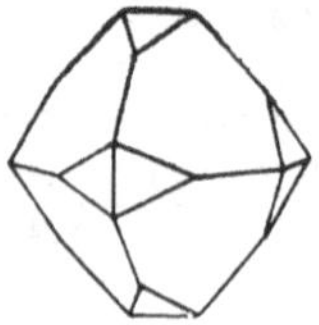

Fig. 18.

Findet sich kontaktpneumatolytisch u. a. als Fahlbandmineral in Gneisen in Tunaberg (Schweden), zusammen mit Kupferkies; ohne solchen bei Modum in Norwegen; hydrothermal auf Kobalterzgängen (Annaberg, Schneeberg), besonders massenhaft aber in Cobalt, Ontario; in Goldquarzgängen reichlich, z. B. in Boliden, Schweden.

Wichtiges Kobalterz. Wird zur Darstellung von Kobaltfarbe (Smalte) benutzt; das metallische Co auch als Zusatz zu gewissen Edelstahlen.

Kupferkies, $CuFeS_2$, kristallisiert tetragonal-hemiedrisch. Kristalle meist klein, vom sphenoidischen Habitus (Fig. 19), oft verzerrt und durch sehr häufige Zwillingsverwachsungen undeutlich. Hauptsächlich in derben Massen, die sich vom ähnlichen Schwefelkies durch ihre grünlich-messinggelbe

Fig. 19.

Farbe und geringere Härte ($3^1/_2$—4) unterscheiden lassen. Gitter sehr ähnlich der Zinkblende. D_{2d}^{12}. Entwickelt auf Kohle v. d. L. SO_2 (Geruch), gibt magnetisches Korn (Fe), das nach Befeuchten mit Salzsäure die Flamme blau färbt (Cu). Metallglänzend, oft bunt angelaufen. Strich schwarz. D. = 4,2.

Sehr verbreitetes Kupfererz, genetisch ein Durchläufer; primärer Gesteinsgemengteil, pneumatolytisch bis vorwiegend hydrothermal auf Erzgängen, weiter kontaktmetasomatisch; manche Vorkommen (Sulitelma in Norwegen, Falun in Schweden u. a.) stark metamorphosiert. Sedimentär am Rammelsberg im Harz und im Mansfelder Kupferschiefer. Wird im Harz, in Nassau, Westfalen, im Erzgebirge und an vielen anderen Orten bergmännisch gewonnen; es ist das wichtigste Kupfererz. Bei seiner Verwitterung entsteht aus ihm Brauneisenstein, Ziegelerz, Kupferpecherz, Malachit, Buntkupferkies und andere Mineralien des „Eisernen Hutes" in der Oxydationszone.

Buntkupferkies (Bornit) enthält dieselben Bestandteile wie Kupferkies, jedoch im schwankenden Verhältnis; meist Cu_5FeS_4. Kristallisiert regulär, ist aber vorwiegend derb. Auf frischem Bruch metallisch bronzegelb, an der Oberfläche immer blau und rot angelaufen. Wichtiges Kupfererz verschiedenartiger Entstehung; pegmatitisch-pneumatolytisch und hydrothermal neben Kupferglanz und Enargit z. B. in Tsumeb, Südwestafrika, Butte in Montana. Manchmal durch Einwirkung heißer Lösungen auf Kupferkies entstanden (Siegerland, Kupferberg in Schlesien, Berggießhübel in Sachsen). Im Mansfelder Kupferschiefer sedimentär imprägniert.

Zinnkies, Cu_2FeSnS_4, isomorph mit Kupferkies, von grünlichgrauer Farbe. Begleiter von Zinnstein und in Zinkblendelagerstätten, z. B. des Erzgebirges, Cornwall u. a. Reichlich in Gruben Boliviens und Tasmaniens.

B. Glanze

Schwefelverbindungen, die metallisch, undurchsichtig und von dunkler Farbe sind, schwärzlichen Strich und meist geringe Härte haben (2—3), werden Glanze genannt.

Bleiglanz, PbS, kristallisiert regulär, hauptsächlich in Würfel und Oktaeder, allein oder in Kombination (Fig. 20 und 21), wobei auch das sogenannte Kubooktaeder (Fig. 22)

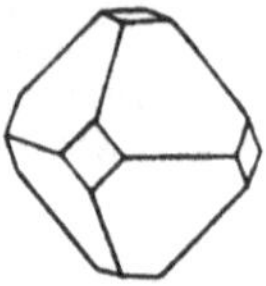

Fig. 20.

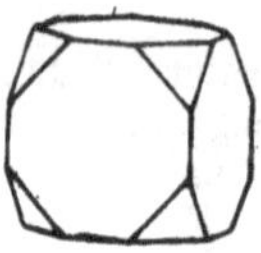

Fig. 21.

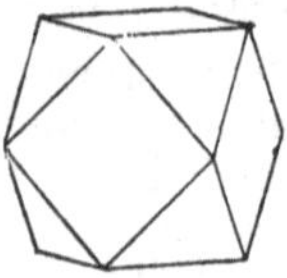

Fig. 22.

beobachtet wird; auch mit Dodekaeder und Pyramidenoktaeder in Kombination (Fig. 23). Flächen oft gekrümmt oder geknickt, Kanten manchmal abgerundet. Durchkreuzungszwillinge von würfeligen Kristallen häufig; aber auch nach einer Oktaederfläche tafelige Zwillinge. Gitter vom NaCl-Typ (Fig. 42); $a_0 = 5,93$ Å. Bleiglanz ist metallglänzend, bleigrau, nach den Würfelflächen sehr leicht spaltbar, mild. Härte gering ($2^1/_2$—3), D. = 7,2—7,6. Gibt mit Soda auf Kohle geschmolzen ein Bleikorn und gelben Beschlag. Die derben Massen sind grob- bis feinkörnig und haben auf frischem Bruch, wie auf den Spaltflächen, sehr lebhaften Glanz.

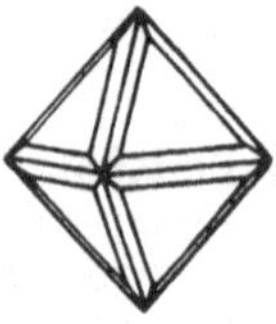

Fig. 23.

Wichtigstes Bleierz, durch einen geringen Silbergehalt (isomorph oder durch Ag-haltige Mineralien) auch wichtiges Silbererz (bis 1% Ag). Vorwiegend hydrothermal gebildet und auf Erzgängen sehr verbreitet: Im Harz, an der unteren Lahn bei Ems und Holzappel, im Bergischen Land (Lüderich bei Untereschbach, bei Much), im Ruhrgebiet (in Marl-Hüls bei Recklinghausen, Christian Levin in Essen-Dellwig), in der Eifel (Bleialf), in Süddeutschland (Wiesloch, Schauinsland, Schapbach) und in vielen außerdeutschen Vorkommen. In hydrothermaler Verdrängung in Altenberg bei Aachen, in Oberschlesien, in Bleiberg, Raibl, Mies u. a. Orten. Als Imprägnation im Buntsandstein (sogenanntes Knottenerz) am Nordrand der Eifel bei Mechernich. Kontaktpneumatolytisch in Sala (Schweden) u. a. Sedimentär, aber zugleich metamorphosiert, das Vorkommen am Rammelsberg bei Goslar (Harz). Bleiglanz ist fast stets mit Zinkblende vergesellschaftet, oft aber auch in inniger Verwachsung. Hauptproduktionsländer: USA, Mexiko, Kanada, Australien.

Verwendung von Blei in der Elektro- und Bauindustrie, zu Kabel, Röhren, Legierungen, Schrott. Zu Farben als Bleiweiß und Mennige. Als Antiklopfmittel (Tetraäthylblei) im Benzin, als Initialsprengstoff (Bleiazid).

Antimonglanz (Grauspießglanz), Sb_2S_3, bildet rhombische Kristalle, prismatisch und gestreift nach der Vertikalachse, oder nadelige, spießige (Name!), faserige, strahlige Gruppen. Grau, stark metallglänzend, parallel der Längsfläche sehr leicht spaltbar; die Spaltfläche meist quergestreift und infolge Translation, wie die Kristalle manchmal auch, leicht wellig verbogen oder gedreht (ein gutes Kennzeichen!). Raumgruppe D_{2h}^{16}. Härte gering (2), D. = 4,6—4,7. Sehr leicht schmelzbar (546—551°). V. d. L. flüchtig, auf Kohle weißer Beschlag. Mit Salzsäure Schwefelwasserstoff. Dient zur Darstellung von reinem H_2S. Verwittert zu Antimonocker (Sb_2O_4).

Antimonglanz ist das wichtigste Antimonerz. Entstehung hydrothermal; gewöhnlich auf Erzgängen in verschiedenartiger Paragenese. Findet sich in Deutschland u. a. bei Arnsberg i. W., Wolfsberg im Harz, Bräunsdorf im Erzgebirge, Goldkronach im Fichtelgebirge, Schleiz in Thüringen. Auch metasomatisch in Kalken und Schiefern. Die größten und schönsten Kristalle sind aus Japan (Insel Shikoku) gekommen. Wirtschaftliche Bedeutung haben in erster Linie das Gebiet Hunan in China, Mexiko, dann Südafrika und Bolivien, doch auch Algier, die Slowakei, Auvergne, Korsika und Sardinien u. a. Der ähnliche

Wismutglanz, Bi_2S_3, das wichtigste Wismuterz, kann von Antimonglanz v. d. L. (dunkelgelber Wismutbeschlag) unterschieden werden. D. = 6,8—7,2. Farbe lichter als bei Antimonglanz, meist Anlauffarben. Hydrothermal auf Gängen, z. B. des sächsisch-böhmischen Erzgebirges. Wirtschaftlich wichtig die Silberzinnerzgänge Boliviens. — Exhalationsprodukt auf Vulcano.

Silberglanz, Ag_2S; unterhalb 179° pseudorhombisch monoklin, oberhalb 179° kubisch. Kristalle vom rhombischen Habitus mit weitgehend kubischen Winkeln, aber auch in würfeliger Ausbildung mit Oktaeder, Rhombendodekaeder usw. wie Bleiglanz, jedoch in der Farbe dunkler, grau bis schwarz, wenig glänzend und nicht spaltbar, dagegen geschmeidig und wie Blei zu schneiden. Auch derb, haarförmig, pulverig (Silberschwärze). H. = 2—2$^1/_2$, D. = 7,3. Gibt mit Soda auf Kohle geschmolzen ein Silberkorn.

Wichtiges primäres Silbererz; als entmischte Schüppchen Silberträger im Bleiglanz (vgl. S. 30). Auf hydrothermalen Gängen im sächsisch-böhmischen Erzgebirge (Freiberg, Schneeberg usw.), bei Schemnitz, Kongsberg, im Staate Nevada (vor allem auf dem Comstock-lode) und reichlich in Mexiko. Auch kennzeichnendes Erz der Zementationszone.

Kupferglanz, Cu_2S, unterhalb 103° gebildet, rhombisch (C_{2v}^{15}); oberhalb 103° gebildete Kristalle hexagonal (α-Cu_2S), aber nachträglich paramorphosiert. Kristalle daher rhombisch mit pseudohexagonalem Habitus, dabei dicktafelig oder kurzsäulig, nach der a-Achse gestreift. Zwillingsverwachsungen und Durchkreuzungsdrillinge häufig. Meistens findet sich Kupferglanz in derben Massen. Farbe dunkelbleigrau, fast schwarz. Strich schwarz, geringer Metallglanz. H. = 2$^1/_2$—3; mild, fast wie Blei zu schneiden, D. = 5,7—5,8. Gibt mit Soda auf Kohle geschmolzen ein Kupferkorn.

Wichtiges Kupfererz; hydrothermal (aszendent) oder in der Zementationszone (deszendent) gebildet. Letztere wichtig für Nordamerika, Redruth (Cornwall), Kupferberg (Schlesien) u. a. Hydrothermal Tsumeb (Südwestafrika), Butte (Montana). In fein verteiltem Zustand in dem der Zechsteinformation angehörenden Kupferschiefer von Mansfeld entstanden.

Molybdänglanz, MoS_2, hexagonal, bildet meist schlecht ausgebildete sechsseitige, rötlich-bleigraue, metallglänzende Blättchen von geringer Härte (1—1½), die sich vom schwarzen Graphit durch ihre Farbe, höheres spez. Gewicht (4,7—4,8) und gelbgrüne Flammenfärbung leicht unterscheiden lassen. Typisches Schichtgitter. D^4_{6h}.

Das einzige wichtige Molybdänerz, vielerorts, jedoch in größeren Mengen selten. Hauptvorkommen in pegmatitisch-pneumatolytischen Bildungen, gebunden an Granite (Lomnitz im Riesengebirge, bei Stavanger in Norwegen), in Gängen und als Imprägnation (böhmisch-sächsisches Erzgebirge, Cornwall, Queensland), kontaktmetasomatisch (Auerbach an der Bergstraße); hydrothermaler Bildung in quarzigen Erzen von Climax in Colorado, der weltwirtschaftlich bedeutendsten Mo-Lagerstätte. Im „Mansfelder Rücken" enthält der Molybdänglanz das seltene Element Rhenium, das sich ebenfalls in den „Eisensauen" anreichert.

Verwendung des metallischen Molybdäns als Zusatz zu Edelstahl; Molybdänverbindungen dienen als Reagenzien.

Unter den Selenglanzen wäre Clausthalit (PbSe) erwähnenswert; dem Bleiglanz ähnlich, v. d. L. aber starker Selengeruch. Vorkommen u. a. Grube Charlotte, Clausthal.

Wichtig sind verschiedene Gold- und Silbertelluride, deren Gold bzw. Silber v. d. L. auf Kohle durch ein Gold- bzw. Silberkorn, Tellur aber durch einen Tropfen kochender Schwefelsäure, der sich kräftig purpurn verfärbt, nachgewiesen werden kann. Calaverit, $AuTe_2$, ist das häufigste der Goldtelluride, hellgelb, D. = 9,3; wichtigstes Golderz des Cripple Creek-Distriks, Colorado. Verwandt ist Krennerit $(Au, Ag)Te_2$. In schriftähnlichen Gruppen tritt Schrifterz (Sylvanit), $AuAgTe_4$, auf. Blättrige Aggregate bildet Blättererz (Nagyagit), dessen chemische Zusammensetzung wenig konstant ist.

C. Fahle

Diese Gruppe umschließt in erster Linie Mineralien, die der chemischen Zusammensetzung nach Sulfosalze sind, also neben einem Schwermetall ein Sprödmetall und Schwefel enthalten.

Kennzeichnend sind eine meist graue (fahle) Farbe, kein starker Metallglanz, in einigen Fällen Diamantglanz (Gültigerze) und geringe Härte (gewöhnlich 3).

Fahlerze kristallisieren regulär-tetraedrisch. Vorwiegend Tetraeder, daher auch „Tetraedrit“, dann Tetraeder mit Dodekaeder (Fig. 24) oder mit Pyramidentetraeder (Fig. 25) und anderen Formen. Gitterähnlichkeit mit der Zinkblende

Fig. 24. Tetraeder mit Rhombendodekaeder.

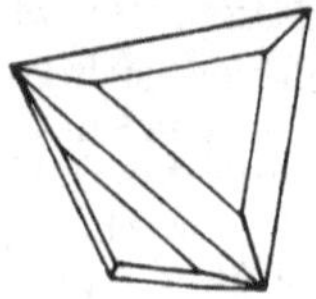

Fig. 25. Tetraeder mit Pyramidentetraeder.

(vgl. Fig. 29). Chemische Zusammensetzung und damit auch verschiedene Eigenschaften schwankend; Fahlerze enthalten Kupfer, Silber, Zink, Antimon, Schwefel; auch Arsen, Eisen und andere Bestandteile. Antimonfahlerz oder Tetraedrit ist etwa nach der Formel $3Cu_3SbS_3 \cdot CuZn_2SbS_4$ zusammengesetzt mit 25—45 % Cu, während das Arsenfahlerz 38—55 % Cu enthält; Silberfahlerz (auch Freibergit) ist durch Ag-Gehalt (bis 36 % auf der Sunshine-Mine bei Wardner, Idaho), Quecksilberfahlerz oder Schwazit (Schwaz in Tirol, Zips in Ungarn) durch Hg-Gehalt (bis 17 %) ausgezeichnet. Metallglänzend, fahlgraue bis schwarze Farbe, Strich schwarz. H. = 3—4, D. = 4,4—5,4. Derbe, frische Massen sind nur durch eine chemische Prüfung von anderen ähnlich aussehenden Mineralien zu unterscheiden; entwikkeln v. d. L. auf Kohle SO_2, geben weißen Beschlag, und das Korn färbt nach Befeuchten mit Salzsäure bei erneutem Anblasen die Flamme blau.

Fahlerze sind wichtige Kupfer- und Silbererze, vorwiegend hydrothermal gebildet auf Erzgängen und häufig in der Zementationszone angereichert; sie werden im Harz, in Nassau, im Siegenschen, im Erzgebirge und an vielen anderen Orten bergmännisch gewonnen und auf Kupfer und Silber verhüttet; Kupfer ist in allen Fahlerzen enthalten, Silber nur in den arsenfreien. Pegmatitisch-pneumatolytischer Bildung ist Fahlerz im Kryolith von Grönland und in einigen Zinnerzgängen, sedimentär im Mansfelder Kupferschiefer, am Rammelsberg bei Goslar.

Als Erze von Bedeutung sind weiter erwähnenswert:

Bournonit, $PbCuSbS_3$, rhombisch (pseudotetragonal), dicktafelige Kristalle nach der Basis, bei Zwillingen randlich oft gezackt (Rädelerz). Grau, stark metallglänzend. H. = 3, D. = 5,7. Auf hydrothermalen Gängen im Harz (Neudorf, St. Andreasberg u. a.), in Bräunsdorf (Sachsen), im Siegerland usw.

Enargit, Cu_3AsS_4, rhombisch (pseudohexagonal), Kristalle meist nach der Vertikalachse gestreckt und gestreift, vorwiegend jedoch derb. Eisenschwarz, wenig glänzend. H. = $3^1/_2$, D. = 4,4. Wichtiges Kupfererz; hydrothermal, metasomatisch gebildet. Von Bedeutung Bor in Jugoslawien, Butte (Montana), Peru, Chile, Argentinien, Tsumeb in Südwestafrika.

Stephanit (Sprödglaserz), Ag_5SbS_4, schwarze, rhombische Kristalle, häufig verzwillingt und hexagonal aussehend. H. = $2^1/_2$, D. = 6,2—6,3. Nur gelegentlich ein wichtiges Silbererz, z. B. auf dem Comstock-lode in Nevada; mit anderen Silbererzen im böhmisch-sächsischen Erzgebirge, im Harz usw.

Miargyrit, $AgSbS_2$, monoklin, H. = 2—$2^1/_2$, D. = 5,2. Stahlgrau mit kirschrotem Strich. Wichtiges Silbererz im Randsburg-Distrikt, Californien. Auf Erzgängen in Bräunsdorf bei Freiberg, Přibram in Böhmen u. a.

Rotgültigerze. Zunächst dunkles Rotgültigerz (Pyrargyrit), Ag_3SbS_3, kristallisiert trigonal (hemimorph!). C_{3v}^6. Kristalle mit Prisma zweiter Stellung, am Ende begrenzt von Rhomboedern und Skalenoedern; mit verschiedenen Enden entwickelt selten. Zwillinge. Rhomboedrische Spaltbarkeit deutlich. Farbe dunkelrot, durchscheinend. Strich hellrot. Glanz ist sehr stark. Härte gering ($2^1/_2$—3), D. = 5,8. Ist eines der wichtigsten, aber auch häufigen Silbererze hydrothermaler Bildung; findet sich im Harz (St. Andreasberg), im Freiberggebiet (Sachsen), im sächsisch-böhmischen Ganggerzgebiet (Joachimsthal, Johanngeorgenstadt usw.), in der Slowakei sowie in Chile, Mexiko usw.

Das lichte Rotgültigerz (Proustit) enthält statt Antimon Arsen (Ag_3AsS_3), ist hellrot, durchsichtig. Meist prismatisch oder skalenoedrisch. H. = $2^1/_2$, D. = 5,57. Im Strich heller als Pyrargyrit, auch wenn durch Licht nachgedunkelt. Nicht so häufig wie das dunkle Rotgültigerz; findet sich an denselben Orten und ist gleichfalls ein wichtiges Silbererz.

Germanit, Cu_6FeGeS_8, kubisch, ist eines der seltenen Germaniumverbindungen. Reichlich in Tsumeb, Südwestafrika.

D. Blenden

Schwefelverbindungen mit Diamant- bis Fettglanz und meist hellem Strich; in dünnen Schichten durchsichtig bis durchscheinend. Kein schwarzer Strich.

Zinkblende (Blende, Sphalerit), ZnS, meist mit erheblichem Eisengehalt (bis 20% Fe). Regulär-tetraedrisch. Oktaedern entsprechende Flächen in der Ausbildung deutlich voneinander verschieden (Fig. 26); sie gehören Kombi-

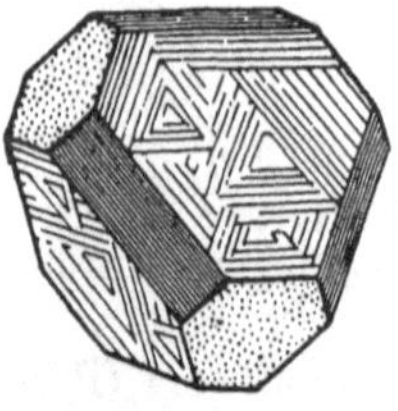

Fig. 26.

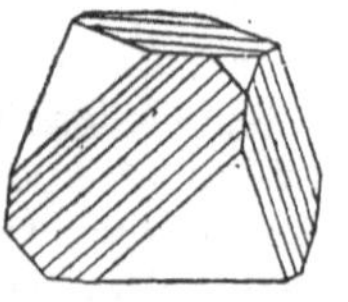

Fig. 27.

Fig. 28.

nationen von Tetraeder und Gegentetraeder an. Fig. 27 (wie Fig. 26) entspricht einer Kombination von Tetraeder mit Würfel und Gegentetraeder. Durch wiederholte Zwillingsbildung nach einer Tetraederfläche (Fig. 28) wird die Form der Kristalle oft schwer bestimmbar; es kommen

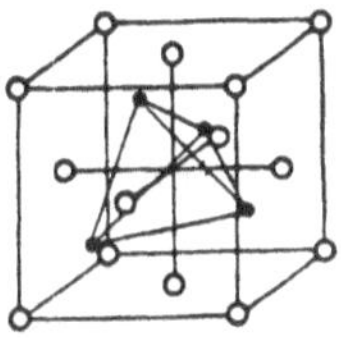

Fig. 29.

aber auch sehr schöne einfache und scharfe Zwillinge vor. Gitter (Fig. 29); Zn und S bilden für sich allein je ein flächenzentriertes kubisches Gitter, die um $^1/_4$ der Raumdiagonale gegeneinander verschoben sind (vgl. Diamantstruktur, Fig. 8). T_d^2; $a_0 =$ 5,42 Å. — Zinkblende ist nach den Flächen des Rhombendodekaeders leicht zu spalten. Härte $3^1/_2$—4, sehr spröde; Dichte 3,9—4,1. Entwickelt mit Salzsäure Schwefelwasserstoff. Durchsichtig bis undurchsichtig, mit starkem Glanz; auf den Spaltflächen halbmetallisch (blendeartig!). Selten farblos, Farbe gelb (Honigblende), braun, rot (Rubinblende), ölgrün und schwarz; besonders häufig sind derbe Aggregate von brauner Farbe, aber auch grob- und feinspätige bis dichte. Lichtbrechung = 2,368 (fast Diamant gleich).

Wichtigstes Zinkerz und im Bereich der Erzbildung, fast immer von Bleiglanz begleitet, ein Durchläufer. Pegmatitisch-pneumatolytisch in Zinnerzgängen, häufiger ein Produkt der Kontaktmetasomatose, z. B. in den größten Zinkerzlagerstätten der Welt (Broken Hill in Australien, Tetiuhe in Ostsibirien, Åmmenberg in Schweden, Trepča in Jugoslawien u. a.) und in zahlreichen kleineren Vorkommen, wie etwa Bodenmais in Bayern. Hauptverbreitung in hydrothermalen Gängen (Harz, Siegener Revier, Erzgebirge, Schauinsland im Schwarzwald, in Nassau, Schemnitz, Kapnik in Siebenbürgen usw.) und hydrothermalen Verdrängungslagerstätten (Altenberg und Stollberg bei Aachen, Wiesloch in Baden, Brilon in Westfalen, in Oberschlesien, Raibl in Italien, Alston Moore in Nordwestengland usw.); schöne Kristalle finden sich im Binnental (Schweiz) auf Dolomit, große spätige und klare Stücke kommen aus der Gegend von Santander in Spanien. Sedimentärer Bildung z. B. die Ablagerungen bei Meggen in Westfalen, am Rammelsberg bei Goslar.

Zinkblende wird auf Zink verhüttet; daraus werden u. a. Bleche, Legierungen (Messing), Mineralfarben (Zinkweiß,

Lithopon, Zinkgelb) hergestellt. Als Sulfat zur Schädlingsbekämpfung, als Chlorid zur Holzimprägnierung.

Ausgesprochen faserige Aggregate von Blende sind Strahlenblende oder Wurtzit; sie gehört nach ihren Eigenschaften ins hexagonale System, so daß ZnS dimorph ist. Eine nahezu dichte Abart ist die Schalenblende (auch Leberblende) von Altenberg bei Aachen und Bleischarley in Oberschlesien, die aus Lagen von Blende oder Wurtzit, aber auch aus einem Gemenge dieser beiden Mineralien besteht.

Mit dem Wurtzit isomorph ist der Greenockit (CdS), meist in erdigen gelben Krusten, durch Verwitterung cadmiumreicher Zinkblenden entstanden, z. B. Lüderich bei Bensberg, Bleischarley usw.

Zinnober, HgS, kristallisiert trigonal (trapezoedrisch), kommt aber nur selten in deutlichen rhomboedrischen Kristallen vor; meist derbe körnige und dichte Massen. Durchdringungszwillinge (Zwillingsachse die Vertikale). Gitter: Deformiertes NaCl-Gitter (vgl. Fig. 42). H. = $2-2^1/_2$, D. = 8,1. Farbe und Strich von reinem Zinnober scharlachrot, durch Beimengungen dunkler. Diamant- oder Blendeglanz. Lichtbrechung und positive Doppelbrechung sehr hoch (vgl. Tab.). Zirkularpolarisation 15mal stärker als beim Quarz. Wird Zinnober mit Soda in einem Glasröhrchen erhitzt, so scheiden sich kleine Tröpfchen von Quecksilber aus. Durch organische Substanz verunreinigter Zinnober heißt Lebererz, Stahlerz und Korallenerz.

Wichtigstes Quecksilbererz, dessen Bildung aus Thermen im Bereich absterbender Vulkane noch verfolgt werden kann. Hydrothermal als Imprägnation in Sandsteinen, Schiefern usw., z. B. bei Moschellandsberg in der Pfalz, zu Idria (Jugoslawien), in Toskana, Almaden in Spanien (fördert seit dem Altertum; die größte Hg-Lagerstätte der Welt!), Neualmaden (Californien), aber auch aus Ferghana (Usbekistan, UdSSR). Zinnober dient zur Darstellung von Quecksilber und von reinem Zinnober.

Kupferindig oder Covellin, CuS, hexagonal (D_{6h}^4), meist tafelig, vorwiegend derb. Blauschwarz, gerieben indigoblau. Nach der Basis vollkommen spaltbar. H. = $1^1/_2-2$, D. = 4,68.

Sehr starke Dispersion; in Luft blaue Stücke bei Wasserbenetzung violett. Verwitterungsbildung (z. B. Mansfelder Kupferschiefer), hydrothermal abgeschiedenes Erz (Bor in Jugoslawien, Butte in Montana).

Realgar, AsS, monoklin (C_{2h}^5); Kristalle meist klein, oft vertikal gestreift; auch derb, dicht oder körnig. Aus den roten, durch orangegelben Strich charakterisierten Kristallen bildet sich durch Einwirkung von Sonnenlicht erdiges Auripigment, z. T. giftiges Arsenik (As_2O_3). H. = $1^1/_2$—2, D. = 3,5—3,6. Auf Erzgängen, bei niedriger Temperatur gebildet; reichlich in Tajowa bei Neusohl (Ungarn), in schönen Kristallen im Dolomit des Binnentals.

Auripigment, As_2S_3, monoklin (C_{2h}^5); bildet vorwiegend derbe Massen. Zitronengelb, durchscheinend, mit starkem Glanz. Nach (010) sehr vollkommen spaltbar. Härte gering ($1^1/_2$—2), D. = 3,48. Schmilzt leicht und verbrennt an der Luft unter Entwicklung von Schwefeldioxyd. Vorkommen wie Realgar; erwähnenswert sind Allchar in Mazedonien und Julamerk in Kurdistan.

III. Klasse: Oxyde

Diese Klasse umfaßt die Sauerstoffverbindungen des Mineralreiches, aber auch die Hydroxyde.

Eis, H_2O. Kristallisiert hexagonal; die Oberfläche von Flußeis entspricht der Basis, die Hauptachse ist senkrecht dazu. Das Gletschereis ist körnig, und die Körner sind um so größer, in je tieferen Lagen des Gletschers sie sich befinden. Die Schneesterne lassen in ihrer meist sechsstrahligen Gestalt die hexagonale Form erkennen. H. = $1^1/_2$, D. = 0,9175.

Rotkupfererz (Cuprit), Cu_2O. Regulär. In deutlichen Kristallen, am häufigsten Würfel und Oktaeder; auch haarförmig (dann Kupferblüte oder Chalkotrichit genannt). Derb, körnig. O_h^4; jedes O-Atom in tetraedrischer Anordnung von 4 Cu-Atomen umgeben. Farbe und Strich hell- bis dunkelrot. Stark glänzend, durchsichtig oder durchscheinend. H. = $3^1/_2$—4, D. = 6. Gibt, auf Kohle erhitzt, ein Kupferkorn.

Entsteht oft aus verschiedenen Kupfererzen in der Oxydationszone; verwittert leicht zu Malachit. Lokal wichtiges Cu-Erz. Vielfach in Chile und Peru, Tsumeb in Südwestafrika; schöne Kristalle von Chessy bei Lyon. Kupferblüte bekannt von Rheinbreitbach und Tsumeb.

Rotzinkerz (Zinkit), ZnO, kristallisiert hexagonal. Gitter ähnlich Wurtzit. Bildet meist derbe, nach der Basis spaltbare, dunkelkirschrote Massen mit orangegelben Strich; durchscheinend. H. = $4^1/_2$—5, D. = 5,5. Kontaktpneumatolytischer Bildung in Franklin Furnace in New Jersey; hier wichtiges Zinkerz.

Korund, Al_2O_3. Kristallisiert trigonal. Neben gemeinem Korund (trüb und unrein gefärbt), werden edle Korunde (von schöner Farbe und klarer Durchsichtigkeit) unterschieden, wie Rubin (rot), Saphir (blau), Leukosaphir (farblos) u. a. Saphire. Kristalle prismatisch (Fig. 30), pyramidal (Fig. 31), tafelig und rhomboedrisch; tonnenförmig gewölbte und horizontal geriefte nicht selten. Zwillinge nach der Rhomboederfläche. Gitter D_{3d}^6. Sehr hart (H. = 9), nach Diamant das härteste Mineral. D. = 4,00. Opt. Daten Tab. Keine Spaltbarkeit. Schmelzpunkt 2050°. Durchsichtig in allen Graden, stark glänzend.

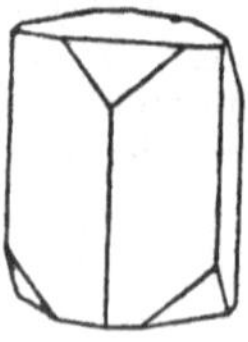

Fig. 30.

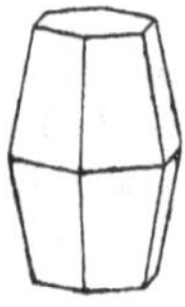

Fig. 31.

Entstehung vorwiegend in metamorphen Gesteinen, selten pegmatitisch-pneumatolytisch; vorzugsweise erst auf sekundärer Lagerstätte. Rubin und Saphir kommen besonders aus Birma, Siam und Ceylon, wo sie sich in einem körnigen Kalkstein und in Edelsteinseifen finden. Seltener ist der Rubin; fehlerfreie und schön gefärbte Steine sind teurer als Diamant. Auch in Basalten Deutschlands kommen als Einschmelzungsprodukte kleine, aber undurchsichtige Kristalle vor. Manche trübe, meist blaugraue Korunde zeigen auf der Basis, besonders wenn sie gewölbt geschliffen sind, einen sechsstrahligen Stern und heißen darum Sternsaphire; auch Sternrubine kommen vor; der „Asterismus“ ist durch eine orientierte Einlagerung von Rutilnädelchen verursacht. Seit 1947 werden in den USA auch Sternkorunde synthetisiert.

Rubin und Saphir werden mit allen Eigenschaften natürlicher Steine künstlich (synthetisch) hergestellt, und zwar nach dem Verneuil-Verfahren; die mit dem färbenden Stoff vermischte Tonerde (bei Rubin: Chromoxyd; bei blauem Saphir: Eisenoxyduloxyd und Titandioxyd) wird durch eine Klopfvorrichtung (Fig. 32, 1) in rhythmischen Abständen aus einem Behälter (2) gegen einen in der Heizmuffel (8) befindlichen Chamottestift (9) geklopft. Bevor aber die äußerst fein gemahlenen Tonerdeteilchen den Stift erreichen, schmelzen sie in der Knallgasflamme (3, 4, 5), so daß sich einzelne Schmelztropfen auf dem Stift niederschlagen und dort zur Kristallisation kommen. Als Produkt baut sich eine nach oben wachsende Schmelzbirne (Einkristall!) auf, die der Knallgasflamme langsam entgegenwächst. Birnen bis etwa 6—8 cm Länge. Durch Zusatz von anderen Metalloxyden, einzeln oder gemengt, können der im reinen Zustand farblosen Korundsubstanz auch Farbtöne zukommen (Phantasiefarben), die bei natürlichen nicht auftreten.

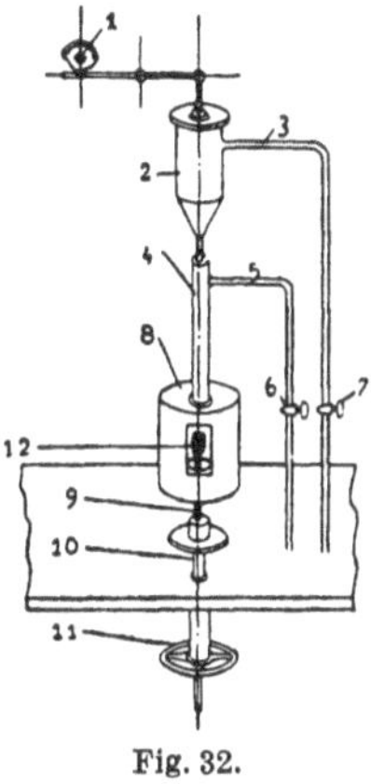

Fig. 32.

Körniger Korund wird durch Schmelzen von Bauxit im elektrischen Widerstandsofen hergestellt und entsteht als Nebenprodukt bei dem Goldschmidtschen Thermitverfahren durch Verbrennung von Aluminium; er wird als Schleifmittel und zu Schleifscheiben verwendet, ferner zu feuerfesten Geräten verarbeitet.

Ein feinkörniger, durch Eisenerze stark verunreinigter Korund, Smirgel genannt, kommt von Naxos und aus Kleinasien; er wird als Schleifmittel benutzt, aber in neuerer Zeit durch Karborundum, SiC, ersetzt, das härter und reiner ist.

Eisenglanz (Hämatit), trigonal; an den Kristallen herrschen, bei sehr großem Formenreichtum, Rhomboeder oder die Basis vor. D_{3d}^{6}, wie Korund, aber mit diesem nicht mischbar. Die großen Massen sind körnig, schuppig (Eisenglimmer), faserig mit nieriger Oberfläche (roter Glaskopf), derb, erdig, ohne metallisches Aussehen (Roteisenstein) bis völligdicht (Blutstein). Kristallesind metallisch glänzend, grau bis schwarz, zuweilen bunt angelaufen; die derben Massen wenig glänzend und dunkelrot. Strich immer kirschrot. H. = $5^1/_2$—$6^1/_2$, D. = 5,2—5,3. Gibt v. d. L., auf Kohle erhitzt, ein magnetisches Korn.

Wichtiges, weitverbreitetes Eisenerz verschiedener Entstehung. Kontaktmetasomatisch bei Altenberg in Sachsen, auf Elba (schöne und flächenreiche Kristalle!), im Banat. Auf alpinen Klüften auch „Eisenrosen". Sublimationsprodukt auf Laven. Eisenglimmer metamorph („Itabirit" Brasiliens; Krivoi Rog in der Ukraine). Roteisenstein auf Gängen (Elbingerode/Harz) und in schichtigen Lagerstätten; oolithisch in Alabama, dann Neufundland usw. Im Meerwasser im Zusammenhang mit untermeerischem Vulkanismus im Lahn-Dill-Gebiet. Hydrothermale Gänge u. a. im Siegerland. Häufig Umwandlungsprodukt anderer Mineralien; pseudomorph nach Magnetit (sog. Martit).

Dem Eisenglanz in der Form ähnlich ist das

Titaneisen (Ilmenit), $FeTiO_3$; bei trigonal-rhomboedrischer Symmetrie (Gitter ähnlich Hämatit, aber C_{3i}^{2}) teils rhomboedrisch, teils tafelig. H. = 5—6, D. = 4,5—5; um so höher, je mehr Fe_2O_3. Farbe schwarz, fein verriebener Strich braun. V. d. L. unschmelzbar. Gemengteil von Eruptivgesteinen, entmischt und angereichert in Gabbrogesteinen, z. B. bei Ekersund und Bergen in Norwegen; meist mit Magnetit verknüpft. In pegmatitischen Gesteinen (Aschaffenburg, bei Miask, bei Kragerö usw.); auf alpinen Klüften (St. Gotthard); gelegentlich in Sanden.

Titaneisen dient zur Herstellung von Titanstahl und anderen Legierungen, zur Herstellung von Titanweiß. Als Eisenerz nicht erwünscht, weil Ti die Schlacken zähe macht; bei grober Verwachsung elektromagnetische Trennung von Magnetit.

Magneteisen (Magnetit), Fe_3O_4 oder $FeO \cdot Fe_2O_3$. Kristallisiert regulär, meist als Oktaeder, seltener als Rhombendodekaeder. Kristallgitter wie Spinell (Fig. 34). Sehr häufig sind Zwillinge nach dem Oktaeder (Fig. 33). Derb, körnig; in losen Körnern: Magneteisensand. Ganz oder teilweise pseudomorphosiert zu Eisenglanz: Martit (vgl. S. 42). Schwarz, metallglänzend. H. = $5^1/_2$, D. = 5,2. Die Kristalle verhalten sich einem Magneten gegenüber wie weiches Eisen, sie werden angezogen; derbe Massen wirken selbst wie ein Magnet, es sind die natürlichen Magnete. Bei Rotglut verschwindet der Magnetismus, stellt sich aber beim Abkühlen wieder ein. Titanomagnetit enthält Titan im entmischten Zustand (als Ilmenit) oder unentmischt. V. d. L. unschmelzbar (Schmelzpunkt 1527°).

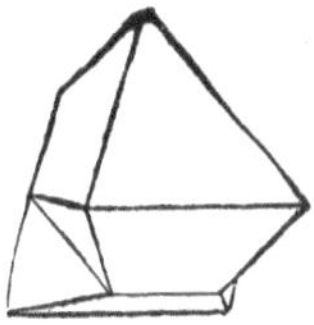

Fig. 33.

Sehr verbreitetes und wichtiges Eisenerz. Gemengteil fast aller Eruptivgesteine (Basalt, Diabas usw.) und hier Ausgangssubstanz mancher sedimentärer Eisenerze. Differentiate in basischen Magmen meist titanreich (Titanomagnetit) und wenig geschätzt (Taberg in Schweden u. a.), in sauren titanfrei; jene unter Mitwirkung leichtflüchtiger Bestandteile als „Erzmagma" intrudiert und z. B. die wertvollen Lagerstätten Nordschwedens, reich an Apatit, gebildet (Kirunavaara, Luossavaara, Gellivaara usw.). Auch kontaktpneumatolytisch (Berggießhübel in Sachsen, Schwarze Crux bei Schmiedeberg in Thüringen, vielfach im Banat usw.); auf Kontaktlagerstätten die magnetischen Skarnerze (mit eisenreichen Silikaten) von Mittelschweden und Südfinnland. Hydrothermal auf Zinnerzgängen und alpinen Klüften. In metamorphen Gesteinen und kristallinen Schiefern (schöne Kristalle im Chloritschiefer der Tiroler Alpen) sowie in kontaktmetamorphen Zonen (im Siegerland aus Spateisen durch Basaltkontakt usw.). Magnetit verwittert zu Limonit, seltener zu Hämatit.

Magnetit gehört zu den Mineralien der Spinell-Gruppe, die regulär kristallisieren. K. G.: Fig. 34; O = • (Al = ○) an den gemeinsamen Ecken von Würfel und Tetraeder (zweier

Würfel). Mg (nicht eingezeichnet) im Mittelpunkt der Tetraeder. O_h^7. Allgemeine chemische Formel: $M''O \cdot M_2'''O_3$ bzw. $M''M_2'''O_4$; $M'' = $ Fe, Mg, Mn, Zn; $M''' = $ Al, Fe, Cr, Mn.

Fig. 34.

Spinell, $MgO \cdot Al_2O_3$ bzw. $MgAl_2O_4$, in vielen Farben, vor allem rot; durchsichtig. H. = 8, D. = 3,6. Lichtbrechung 1,72—1,77. Kristallisiert, wie Magnetit, in Oktaedern und in Zwillingen nach dem Oktaeder (Spinellgesetz; Fig. 33). $a_0 = 8{,}10$ Å. Als charakteristisches Kontaktmineral namentlich in körnigen Kalken und Dolomiten; ein Begleitmineral der Korunde. Meist lose in Seifen, z. B. Ceylon, Oberbirma, Siam. Rote und andere Spinelle sind als Edelstein geschätzt.

Die synthetische Herstellung von Spinell in allen Farben und vielen Farbnuancen ist nach dem Verneuil-Verfahren (vgl. S. 41) in hohem Grade gelungen. Der synthetische Spinell ist, mit Ausnahme des roten, stets reicher an Al_2O_3($MgO : Al_2O_3$ bis 1 : 5); mit zunehmendem Tonerdegehalt steigt die Dichte bis zu 3,78.

Der hohe Schmelzpunkt von Spinell (2135°) führt zur Herstellung von Tiegeln aus synthetischem Material.

In olivinreichen Gesteinen und Auswürflingen tritt ein chromhaltiger Spinell (Picotit) der Formel (Fe, Mg), $(Al, Cr, Fe)_2O_4$ auf. D. = 4,1. Farbe schwarz.

Der Zinkspinell (Gahnit), $ZnAl_2O_4$, schwarz, D. = 4,55, ist ein metamorphes Mineral in Granatcordieritgneisen Schwedens, in Zinnerzen von Orijärvi, Falun u. a. O. Neben Magnetkies in Bodenmais (Bayern). In Diamantseifen von Minas Geraes.

Für die in metamorphen Kalken eingelagerten Zinkerzlagerstätten bei Franklin in New Jersey ist der Franklinit (Zn, Mn''), (Fe''', Mn''')O_4 kennzeichnend. H. = 6—6½, D. = 5,0—5,2. Eisenschwarz, in dünnsten Splittern tiefrot. Wichtiges Zinkerz.

Chromeisenstein (Chromit), $FeO \cdot Cr_2O_3$, bildet derbe, körnige Massen von pechschwarzer Farbe mit braunem Strich. Kristalle selten. $a_0 = 8{,}34$ Å. Spinellgitter. H. = 5½, D. = 4,5—4,8. V. d. L. unschmelzbar. Die erkaltete Boraxperle ist smaragdgrün.

Einziges Chromerz von Bedeutung. Magmatisches Mineral olivinreicher Gesteine und ihrer Umbildungsprodukte (wie Serpentin). Vorkommen zahlreich, wie Grochau in Schlesien, im Serpentin von Kraubath (Steiermark), in Norwegen, in der Türkei, in Jugoslawien, Selukwe in Südrhodesien (größtes Produktionsgebiet!) u. a. O. Dient zur Darstellung der Chrompräparate (Mineralfarben) und des metallischen Chroms, das als Zusatz zu Stahl, zu feuerfesten Steinen, zur Herstellung von Chromsalzen und zur galvanischen Verchromung benutzt wird.

Hausmannit, Mn_3O_4, tetragonal, Gitter spinellähnlich. Kristalle stets pyramidal und oktaederähnlich. H. = $5^1/_2$, D. = 4,7—4,8. Eisenschwarz, Strich braun. Mit Manganerzen, vor allem zusammen mit Braunit, z. B. Ilfeld, dann Långban (Schweden).

Chrysoberyll, $BeO \cdot Al_2O_3$ bzw. $BeAl_2O_4$. Rhombisch (pseudohexagonal), Kristalle olivinähnlich. Struktur mit BeO_4-Gruppen analog Olivin. Häufig herzförmige Zwillinge, dann Durchkreuzungsdrillinge (hexagonale Symmetrie vortäuschend). Gelbgrün bis smaragdgrün. Nach Korund das härteste Mineral (H. = $8^1/_2$), D. = 3,73. Die Abart Alexandrit (häufig in Drillingen) ist bei Tageslicht grün, bei Lampenlicht rot; ihr Hauptvorkommen in den Smaragdgruben an der Takowaja im Ural. Die synthetischen Alexandrite sind alexandritfarbige Korunde oder Spinelle! Das Chrysoberyll-Katzenauge hat durch Einlagerung zahlreicher hohler Kanäle parallel zur Hauptachse einen wogenden Lichtschein, der bei mugelig geschliffenen Steinen (Cabochons) zu einer Lichtlinie wird; auf den Saphirvorkommen von Ceylon, aber auch im Marambaia-Distrikt in Brasilien vorkommend.

Bildung in Pegmatiten und Glimmerschiefern, lose in Edelsteinseifen. Wertvoller Edelstein!

Perowskit, $CaTiO_3$, pseudokubisch; ist aus monoklinen Lamellen aufgebaut. Kristalle meist würfelig und wie beim Pyrit (vgl. Fig. 13) gestreift. H. = $5^1/_2$, D. = 4,0. Gewöhnlich undurchsichtig und schwarz. Lichtbrechung $n = 2{,}34$. Ein- oder aufgewachsen in Chloritschiefern (Pfitsch in Tirol, bei Zermatt). Auch in manchen magmatischen Magnetitdifferentiaten (Vuorijärvi, Finnland). Ein Perowskit mit 4—5% Cererde ist Knopit (in metamorphen Kalken von Alnö).

SiO_2 kennt man in folgenden Formen:

	Symmetrieklasse	Raumgruppe	Beständigkeitsgebiet
α-Cristobalit	kubisch-holoedrisch	O_h^7	1470—1713° (Smpt.)
β-Cristobalit	tetragonal-trapezoedrisch	D_4^4; D_4^8	unter 275°
α-Tridymit	hexagonal-holoedrisch	D_{6h}^4	870—1470°
β-Tridymit			unter 163°
γ-Tridymit	rhombisch-holoedrisch	D_4^4	unter 116°
α-Quarz	hexagonal-trapezoedrisch	D_6^4; D_6^5	573—870°
β-Quarz	trigonal-trapezoedrisch	D_3^4; D_3^6	unter 573°

Quarz, SiO_2, als Tiefquarz (unterhalb 573°) trigonal-trapezoedrisch. Kristalle begrenzt vom Prisma, dessen Flächen horizontal gestreift sind, und von einer scheinbaren Bipyramide, deren Flächen aber, wenn auch kaum bemerkbar, physikalisch als zwei Rhomboeder ($10\bar{1}1$ und $01\bar{1}1$) zu deuten sind; die Verschiedenheit kann durch Unterschiede in der Größe (Fig. 36), im Glanz und manchmal in der Färbung hervortreten. Die Kombination des sechsseitigen Prismas mit der scheinbaren Bipyramide ist die häufigste von allen (Fig. 35). Hierzu treten manchmal über den Kanten vom Prisma rhombenförmige und trapezförmige Flächen (vgl. Fig. 36) auf; letztere gehören einer dihexagonalen Bipyramide an, die aber nur mit dem vierten Teil ihrer 24 Flächen auftritt und die für sich ein Trapezoeder ergibt. Quarz kristallisiert daher tetartoedrisch, in der trapezoedrischen

Fig. 35.

Fig. 36.

Tetartoedrie. Die Rhombenflächen sind Halbflächner einer Bipyramide zweiter Stellung und würden für sich allein eine dreiseitige, trigonale Bipyramide bilden. Eine häufige Kombination ist in Fig. 36 abgebildet mit $(10\bar{1}0) \cdot (10\bar{1}1) \cdot (01\bar{1}1)$ $(11\bar{2}1) \cdot (51\bar{6}1)$.

Die Rhomben- und Trapezflächen treten an einfachen Kristallen nur an den abwechselnden Ecken auf; wenn die Trapezflächen rechts (links) über den Prismenflächen liegen, so ist der Kristall, wie in Fig. 36, ein rechter (linker). Sobald die Trapezflächen an aufeinanderfolgenden Ecken vorliegen, sind die Kristalle Zwillinge: Dauphinéer, Verwachsung von zwei rechten (Fig. 37) oder zwei linken; Brasilianer, Verwachsung von einem rechten mit einem linken (Fig. 38). Japaner-Zwillinge haben eine Verwachsung zweier Kristalle mit fast rechtwinkelig zueinander geneigten Achsen (84°30′). Unverzwillingte Kristalle sind in der Natur äußerst selten (synthetische sind vorwiegend unverzwillingt).

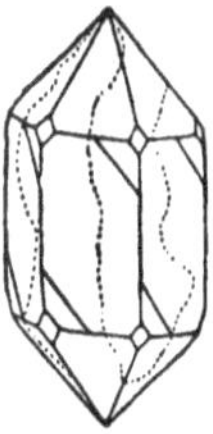
Fig. 37.

Fig. 38.

Quarz bietet unter den Mineralien das beste Beispiel für Zirkularpolarisation, wie Kalkspat für die Doppelbrechung; während man diese mit bloßem Auge erkennen kann, ist die Zirkularpolarisation erst mit einem Polarisationsinstrument und nur in Platten senkrecht zur Achse wahrzunehmen. Rechte Kristalle drehen die Ebene des polarisierten Lichtes in der Richtung der Hauptachse nach rechts; linke drehen sie nach links.

Quarz ist durchsichtig bis undurchsichtig, farblos und gefärbt (gelb, braun, rosa, violett). Glasglänzend. H. = 7, D. = 2,65. Die optisch einachsigen, positiven Kristalle haben $n\omega = 1{,}5442$, $n\varepsilon = 1{,}5533$ (für Na-Licht). Sehr widerstandsfähig gegen Säuren; wird nur von Flußsäure gelöst, ist aber bisweilen doch mit natürlichen Ätzfiguren bedeckt. Außer in deutlichen Kristallen auch körnig, faserig usw.

Quarz ist nach den Feldspäten das häufigste und verbreitetste Mineral. Gemengteil in allen drei Abfolgen der Mineral- und Gesteinsbildung, also in Eruptiv- und Sedimentgesteinen sowie in kristallinen Schiefern. Wichtiger Bestandteil von Gängen und Mineralvorkommen verschiedenster Genesis; durch seine Härte und Schwerlöslichkeit in Sanden und Geröllen angereichert. Pseudomorph nach vielen Mineralien. Versteinerungsmittel. Auf Lagerstätten sowohl magmatisch, als auch ein Produkt pegmatitisch-pneumatolytischer wie hydrothermaler Phasen; hierbei sowohl primär als auch sekundär. Kristalle vor allem in Drusen und auf Gängen.

Nach Farbe und Aussehen unterscheidet man: Bergkristall, farblos, oft mit Einschlüssen anderer Mineralien. Auf Klüften und in Hohlräumen (Kristallkellern) in den Alpen, bei Striegau in Schlesien; im Marmor von Carrara; in Brasilien, Japan, auf Madagaskar; als Geschiebe im Rhein (Rheinkiesel). Die klaren Kristalle werden geschliffen und als Schmuckstein verwendet, auch zu feinen Gewichten, Petschaften u. dgl. verarbeitet; in der Radiotechnik benutzt. Rauchquarz, hell- bis dunkelbraun; besonders in den Alpen. Dunkelbrauner, fast schwarzer Rauchquarz heißt Morion, gelber Citrin (vielfach durch Erhitzung aus Amethyst künstlich hergestellt!). Amethyst ist violett, wird aber durch Brennen gelb; kommt u. a. mit Achat in den Blasenräumen von Eruptivgesteinen (Melaphyrmandelsteinen) vor, so bei Idar-Oberstein an der Nahe; wichtig ist das Vorkommen bei Brejinho im Südwesten von Bahia, und zwar in Adern und Höhlen eines sandigen Quarzgesteins; in Uruguay liegen die Fundstellen in verschiedenen Provinzen, auf Madagaskar bei Betafo (allererste tiefviolette Qualität); auch Ceylon liefert sehr feine Amethyste. Gelegentlich auf manchen Erzgängen beobachtet. — Der klare Amethyst gibt einen sehr geschätzten Edelstein, der um so wertvoller, je dunkler er ist; der gelbe, gebrannte Amethyst heißt im Edelsteinhandel häufig Topas (auch Goldtopas); diese Bezeichnung ist abzulehnen; zur Unterscheidung wird gelegentlich der zum Mineral Topas (S. 89) gehörende Schmuckstein Edeltopas genannt.

Bergkristall schmilzt bei 1710° und erstarrt zu Glas. Aus diesem Quarzglas werden Glasgeräte geblasen, die gegen plötzliche und starke Temperaturänderung äußerst unempfindlich sind. Quarzglas ist wie Bergkristall für ultraviolette Strahlen in hohem Grade durchlässig, daher Verwendung zu Quarzlampen und

Höhensonnen. Die Synthese von Quarz, auch in größeren Kristallen, ist gelungen.

„Gemeiner Quarz" ist meist trüb, wenig durchsichtig, weiß oder gefärbt. Fett- bis Glasglanz. Er ist wesentlicher Gemengteil vieler Gesteine (Granit, Gneis, Quarzporphyr, Sandstein u. a.). Modellartige Kristalle mit hexagonalem Habitus, z. B. aus verkieselten Kalken von Suttrop-Warstein in Westfalen. Besondere Varietäten werden nach Form, Farbe und Fundort unterschieden. Gangquarz stellt das Ausfüllungsmaterial von großen und kleinen Gängen dar. Szepterquarz hat das obere Ende der Prismen knopfartig verdickt; Kappenquarz besitzt schalig gebaute, leicht ablösbare Wachstumszonen. Durch charakteristische Ausbildung ausgezeichnet sind weiter: der strahlige Sternquarz, der Faserquarz mit dem goldgelben Tigerauge (verkieselte feinfaserige Hornblende, Krokydolith) und dem blauen Falkenauge (Quarzaggregat mit eingelagerten blaugrünen Hornblendefasern), z. B. aus Südafrika, das Asbestfasern umschließende Katzenauge (von Ceylon). In derber Ausbildung ist erwähnenswert der weiße Milchquarz, der rosenrote Rosenquarz, der bläulich gefärbte Saphirquarz, der lauchgrüne Prasem (eingelagerte Hornblendenädelchen). Der Eisenkiesel stellt durch Rot- oder Brauneisen gelb, braun oder rot gefärbte Quarzkristalle (auch derb) dar (z. B. Sundwig bei Iserlohn), während der Aventurinquarz durch eingeschlossene Glimmerblättchen schillernd und flimmernd erscheint.

Tiger- und Katzenauge werden zu Schmuckzwecken in Platten oder Cabochons geschliffen. Rosenquarz, dessen Hauptvorkommen in Brasilien und Madagaskar, neuerdings auch in den USA liegt, wird nur in kräftiger gefärbten Stücken als Schmuckstein und für kunstgewerbliche Zwecke benutzt; für letztere kommt auch Aventurinquarz zur Verwendung.

Als **Chalcedon** werden die durchscheinenden, wachsartig glänzenden, oft glaskopfartigen bis traubigen Ausbildungen der Kieselsäure bezeichnet, die aus Opal (Kieselsäuregel) zur Entstehung kamen; sie sind sehr feinfaserig, fast dicht, mit splittrigem Bruch. D. um 2,60, also niedriger als beim homogenen Quarzkristall, weil porös. Infolge dieser Porosität ist Chalcedon mit Farblösungen tränkbar, kann also künstlich gefärbt werden. Nach der Farbe werden unterschieden: der blutrote Karneol, der apfelgrüne Chrysopras (z. B. aus Frankenstein in Schlesien), der braune bis braunrote Sarder. Moosachat und Mokkasteine sind Chalcedon mit moosähnlichen Einschlüssen. Am wichtigsten ist der

Achat; er besteht aus vielen Lagen von verschiedenfarbigem Chalcedon, verursacht durch lagenweisen Wechsel der Struktur und durch rhythmische Fällung der eingedrungenen Farbpigmente (nach Liesegang). Die roten und schwarzen Farben sind meist künstlich hervorgerufen; rot durch Beizen mit einem Eisensalz und nachfolgendem Brennen, schwarz durch Behandlung mit Honig und Schwefelsäure. Manche Schichten von Achat sind nämlich porös, andere nicht; wird er nun in Honig gelegt, so dringt dieser in die porösen Schichten ein; durch konzentrierte Schwefelsäure wird hierauf der Honig im Innern des Steines verkohlt, und die vorher unansehnlichen grauen Schichten werden tiefschwarz, während die nicht porösen in der Farbe unverändert bleiben. Auch färbt man grün durch Chromverbindungen, blau durch Berlinerblau. Achat findet sich besonders in den Blasen von Eruptivgesteinen, die Achatmandeln bildend; so bei Idar-Oberstein an der Nahe (erschöpft, nur für Sammlerzwecke noch Bedeutung!), in Südbrasilien (z. B. Serra do Mar) und Uruguay. Bei Onyx ist die Bänderung schwarz und weiß, bei Sardonyx rot bis braun und weiß; beide werden seit alter Zeit zu Gemmen und Kameen verschliffen. Als Enhydros werden teilweise noch mit Wasser erfüllte, geschlossene Achatmandeln (aus Uruguay z. B.) bezeichnet. Undurchsichtiger, meist intensiv gefärbter Chalcedon wird

Jaspis genannt; zu ihm rechnet der dichte Feuerstein, der sich in Knollen, oft in der Schreibkreide, findet, flachmuscheligen bis splittrigen Bruch hat und meist grau, seltener gelb oder rot gefärbt ist. Er wurde in der Urzeit zu Steinwerkzeugen, später zum Feueranschlagen (mit Schwefelkies, später Stahl und Zunder) und als Flintstein benutzt. Findet sich besonders in der Kreide auf Rügen, in Frankreich, England usw.; als Gletschergeschiebe im nördlichen Deutschland weit verbreitet. Hornartigen Bruch hat der Hornstein; häufig bei Verkieselung von Trachyten und deren Tuffen gebildet und Versteinerungsmittel von Hölzern. Schön gefärbte Abarten von Jaspis sind u. a.: Plasma (lauchgrün), Heliotrop (dunkelgrün mit blutroten Tupfen). Auch der aus dichtem Quarz mit Opalresten bestehende sedimentäre Kieselschiefer (schwarz: Lydit oder Probierstein) gehört zu Jaspis, während die meisten Band-, Porzellan- und Basaltjaspise zu den Gesteinen (gefritteten Tonen, verkieselten Tuffen usw.) gerechnet werden müssen.

Quarz, SiO_2, als Hochquarz (oberhalb 573°) hexagonal-trapezoedrisch. Kristalle nur Bipyramide mit schmalem Prisma. Die Umwandlung von Tiefquarz (vgl. S. 46) zu

Hochquarz erfolgt durch eine sprunghafte Änderung verschiedener physikalischer Eigenschaften bei 573°; bei Abkühlung erfolgt bei gleicher Temperatur die Rückbildung in Tiefquarz. Die Form bleibt dieselbe; darauf gründet sich die Anwendung des Quarzes als ein „geologisches Thermometer".

Tridymit ist ebenfalls SiO_2 (vgl. S. 46) mit D. = 2,27. Er bildet kleine graulichweiße, sechsseitige, durch Zwillingsbildung oft fächerförmig verwachsene Täfelchen pneumatolytisch-exhalativer Bildung in den Poren und Blasenräumen vulkanischer Gesteine, z. B. im Trachyt des Siebengebirges. Eine andere Kristallart der Kieselsäure ist

Cristobalit (vgl. S. 46); kleine weiße Oktaeder in Blasenräumen vulkanischer Gesteine, z. B. San Cristobal (Mexiko), Blaue Kuppe bei Eschwege, Niedermendig am Laacher See. D. = 2,32. (Opt. Daten in Tab.).

Aus Quarzit hergestellte feuerfeste Steine gehen nach längerem Gebrauch in Tridymit und Cristobalit über; die Steine „wachsen" durch den Übergang in die spezifisch leichtere Art; so haben diese beiden in der Natur seltenen Mineralien für die Technik eine gewisse Bedeutung erlangt. Sie sind auch Entglasungsprodukte von Gläsern.

Opal, $SiO_2 \cdot nH_2O$; wasserhaltige Kieselsäure; amorph, die natürliche Oberfläche ist gerundet, traubig, nierenförmig. Durchsichtig bis undurchsichtig, farblos oder gelblich und graulich. H. = $5^1/_2$—$6^1/_2$, D. = 2,1—2,2. Bildet sich bei der Zersetzung von Silikaten und jungvulkanischen Gesteinen, von Serpentin, beim Absatz heißer Quellen (Kieselsinter). Konkretionär aus kieselhaltigen Sedimenten (Feuersteine der Kreide). Auch die aus Diatomeenpanzern bestehende Kieselgur ist Opalmasse. Abarten:

Edelopal, durchscheinend, weißlich oder gelblich, blau, auch schwarz, mit sehr lebhaftem bunten Farbenspiel, am stärksten bei dem sog. schwarzen Opal, der ein wertvoller Edelstein ist. Australien ist das wichtigste Land für die Opalgewinnung (Neusüdwales und Queensland), dann Mexiko (Esperanza im Staate Queretero); die früher sehr geschätzten Vorkommen der Edelopale in Ungarn sind erschöpft. Der Feueropal ist hell- und dunkelfeuerrot bis bernsteinfarben, durchsichtig, hat ebenfalls eine Verwendung als Schmuckstein; er ist durch eisenoxydische Beimengungen gefärbt; wichtigste Fundorte in Mexiko (Zimapan und Queretero). Hyalith, wasserhell und glasglänzend, findet sich in Basalt, wie im Kaiserstuhl, Steinheim bei Hanau usw. Holzopal, durch Opalsubstanz versteinertes Holz (z. B. in der Umgebung des Siebengebirges); Jaspopal ist undurchsichtig, ziegelrot oder braun gefärbt; Kascholong dagegen weiß, porzellan- und emailartig.

Opal geht häufig in Chalcedon oder Quarz über.

Uranpecherz (Pechblende), UO_2; enthält als radioaktive Zerfallsprodukte Blei und Helium, vor allem aber Radium, das vorzugsweise aus diesem Mineral in nennenswerter Menge gewonnen wird. Meist zerstörter Gitterbau, also stark isotropisiert, doch Reste von UO_2 im Fluoritgitter (vgl. Fig. 46) nachweisbar. $a_0 = 5{,}5$ Å. Kristalle (würfelig oder oktaedrisch) nur in Pegmatiten, vorwiegend derb, schwarz bis grünlichschwarz, pechglänzend. H. = 4—6, D. = 9,0—10,6. Von wirtschaftlicher Bedeutung sind die hydrothermal gebildeten Vorkommen des sächsisch-böhmischen Erzgebirges (Joachimsthal u. a.), am Großen Bärensee in Kanada, in Shinkolobwe (Katanga). Beobachtet bei Wittichen in Baden (Schwarzwald). Pegmatitisch in Norwegen, Schweden (Närke und Västergötland), Deutschostafrika.

Pechblende und ihre Verwitterungsprodukte liefern das Rohmaterial zur Gewinnung von Uran, Radium, der künstlichen Transurane und ihrer Spaltungsprodukte. Uranoxyd selbst wird u. a. zur Herstellung von fluoreszierendem Glas, zu Leuchtfarben, in der Photographie, für gewisse säurefeste Legierungen usw. gebraucht.

Zinnstein (Kassiterit), SnO_2. Kristallisiert quadratisch. D_{4h}^{14} (Gitter wie Rutil, Fig. 41). Habitus und Tracht durch die Art der Bildung charakterisiert; pegmatitischer Zinnstein von der Bipyramide (111) bestimmt; pneumatolytischer meist kurzsäulig und fast immer verzwillingt nach (101); die an ein Visier erinnernden Zwillinge, auch beim pegmatitischen Typus beobachtet, werden Visiergraupen genannt (Fig. 39); hydrothermal gebildeter Zinnstein gern langnadelig (Nadelzinn). Auch körnige und faserige Aggregate (Holzzinn). Farbe braunrot bis schwarz, ausnahmsweise farblos; kaum durchscheinend; Glanz sehr stark. H. = 6—7, D. = 6,8—7,1. V. d. L. unschmelzbar. Wird das feine Pulver auf Kohle mit Zyankalium geschmolzen, so scheidet sich Zinn in feinen Flitterchen aus. Findet sich in Pegmatiten saurer Eruptivgesteine (Hinterindien, Bolivien), auf pneumatolytischen Gängen und Imprägnationen (z. B. im böhmisch-sächsischen Erzgebirge in „Greisen", einem pneumatolytisch veränderten Granit; in Cornwall; vor allem aber in den hinterindischen Gebirgen von Yünnan bis zu den malayischen Inseln Banka und Billiton, in Tasmanien, Bolivien usw.); auch in kontaktpneumatolytischen Verdrängungen, wie Pitkäranta u. a. O. Seifenzinn in allen Zinngebieten in abgerollten Körnern und als Sand.

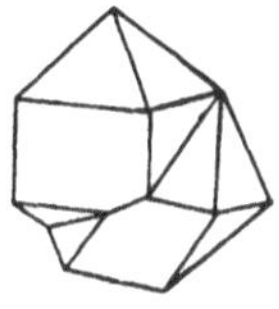

Fig. 39.

Zinnstein ist das einzige technisch wichtige Zinnerz. Verwendung von Zinn zu Zinngeräten, Verzinnen (Weißblech), Bronzen, Email, Glasuren, Beize usw. Durch Übergang in eine spezifisch leichtere und graue Zinnart (D. = 5,8 gegenüber 7,3 bei weißem Zinn) bilden sich auf Gebrauchszinn bisweilen Pusteln („Zinnpest").

Rutil, TiO_2; quadratische, hauptsächlich von Prismenflächen begrenzte Kristalle, hierbei dicksäulig, säulig bis nadelig. Zwillinge häufig; Zwillingsebene vorwiegend (101). Die einfachsten Zwillinge haben knieförmige Gestalt (Fig. 40); doch auch polysynthetische Drillinge und Viellinge. Gitter Fig. 41. Raumgruppe D_{4h}^{14} Farbe dunkelrot, braun bis gelblich; eisenschwarzer Rutil wird Nigrin genannt. Strich braungelb. Metallartiger Diamantglanz. Durchsichtig bis undurchsichtig. Lichtbrechung sehr hoch, ähnlich Diamant;

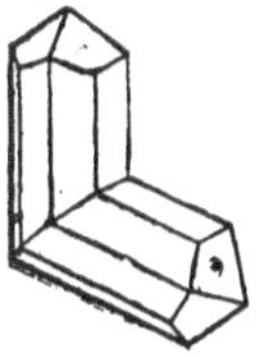

Fig. 40.

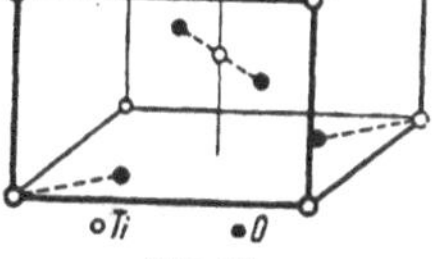

Fig. 41.

sehr starke positive Doppelbrechung und auffallend hohe Dispersion (vgl. opt. Daten in Tab.). H. = 6—6$^1/_2$, D. = 4,2—4,3. Spaltbar nach den Prismenflächen: nach (110) vollk., nach (100) weniger vollk. Bruch muschelig. Spröde.

Eingewachsen in Pegmatiten; große Kristalle aus den Apatitgängen von Kragerö, Norwegen, während die größten Rutillagerstätten in Virginien liegen (Nelson und Amherst Co.). Aufgewachsen in hydrothermalen Gängen und Drusen, z. B. der alpinen Klüfte (Pfitsch in Tirol, Binnental, Campolungo usw.). Gemengteil sedimentärer und metamorpher Gesteine. In Seifen und Sanden. Als Sagenit werden gitterförmige und netzartige Zwillingsgebilde dünnsäuliger bis nadeliger Rutilkriställchen (sich unter etwa 60° schneidend) bezeichnet. Diese häufig als Einschlüsse (z. B. in Korund). Haarförmige Rutileinlagerungen in Quarz werden Venushaar genannt. Bemerkenswert sind Parallelverwachsungen von Rutil mit Eisenglanz (Cavradi im Tavetsch).

Rutil wird in den USA nach dem Verneuil-Verfahren (vgl. S. 41) synthetisch hergestellt, und zwar in farblosen, blauen u. a. Farbabarten.

Das aus Rutil hergestellte metallische Titan dient als Zusatz bei Stahl; Titanweiß, TiO_2, ist eine Mineralfarbe mit stärkster Deckkraft; auch zum Mattieren von Kunstseide.

Dieselbe chemische Zusammensetzung wie Rutil hat Anatas, der meist in spitzen quadratischen Bipyramiden kristallisiert, dunkelblau, fast schwarz, seltener gelb ist, metallartigen Diamantglanz besitzt, nach der Basis leicht spaltet und etwas weicher (H. = 5$^1/_2$—6) und leichter (D. = 3,8—3,9) als Rutil ist. D_{4h}^{19}. Hydrothermal gebildetes Kluftmineral. Lose in Goldsanden. Auch Brookit hat dieselbe Zusammensetzung, kristallisiert aber rhombisch (D_{2h}^{15}) in meist tafeligen, rotbraunen Kristallen. Vorkommen wie Anatas.

Braunsteine der Technik sind oxydische Manganerze, deren Hauptbestandteil immer MnO_2 ist; sie haben sich in der Verwitterungszone aus verschiedenen Manganmineralien gebildet. Als

Polianit wird das quadratische (D_{4h}^{14}) MnO_2 der H. = 7, der D. = 5,0 von stahlgrauer Farbe angesprochen. Der

Pyrolusit i. e. S. (lichtes Graumanganerz), auch MnO_2, ist stets pseudomorph, vor allem nach Manganit (MnO. OH). Kristalle erscheinen rhombisch, röntgenographisch ergeben sich aber streng parallel orientierte Kristallfasern von Polianit. Strahlig-kristalline Massen, fest bis erdig, abfärbend. Härte nicht genau bestimmbar. D. ~ 5. Glanz grauweiß-metallisch. Entwickelt, mit Salzsäure übergossen, Chlorgas. Mit Psilomelan ist Pyrolusit das wichtigste Manganerz, z. B. im „Eisernen Hut" der Siegerländer Gänge, bei Elgersburg in Thüringen; die größten und technisch bedeutsamsten Manganlagerstätten sind Nicopol am unteren Dnjepr und Tschiaturi-Kutais in Transkaukasien (Ausbildung oolithisch, Genesis chemisch sedimentär). Manchmal durch Auslaugung und Oxydation angereichert; diesem Typus entsprechen z. B. die für Deutschland wichtigen Mn-Lagerstätten bei Gießen, Braunfels sowie Waldalgesheim bei Bingerbrück. Aus kolloidaler Lösung ausgeschieden ist der

Psilomelan (schwarzer Glaskopf), MnO_2; er bildet radialfaserige, graue, metallisch glänzende, traubig-nierige Aggregate von wechselnder Härte (H. ~ 6) sowie schwarzem Strich. Unschmelzbar. Auch erdig und weich, locker und schaumig, z. B. Manganschaum oder Wad. Wie Pyrolusit ein wirtschaftlich wichtiges Manganerz.

Die Braunsteine werden, zusammen mit anderen Manganoxyden, zur Darstellung von Chlor, in der Glasfabrikation zur Herstellung farbloser Gläser, im Eisenhüttenprozeß zur Darstellung von manganhaltigem Eisen usw. benutzt.

Manganit, MnO · OH, kristallisiert pseudo-rhombisch, (C_{2h}^5); langprismatisch (vertikalgestreift) oder kurzprismatisch. Zwillinge knie- oder kreuzförmig. H. = 4, D. = 4,3—4,4. Braunschwarz, dunkelbrauner Strich. In dünnen Splittern rot. Häufig in Pyrolusit umgewandelt. Auf hydrothermalen Gängen, z. B. Ilfeld im Harz, Ilmenau in Thüringen.

Eisenhydroxyde. Nach röntgenographischen Bestimmungen nur: Nadeleisenerz, $FeHO_2$ (= α-FeOOH) und

Rubinglimmer (= γ-FeOOH), Goethit im ursprünglichen Sinne.

Nadeleisenerz kristallisiert rhombisch (D_{2h}^{16}), meist nadelig oder haarförmig nach der Vertikalachse, dann in strahligen und faserigen Aggregaten. H. = 5—5$^1/_2$, D. sehr schwankend (4,3—3,8). Farbe schwarzbraun bis lichtgelb. Strich braun bis braungelb. Glanz diamantartig, seidig. Samtartige Oberfläche kennzeichnet die Samtblende, verbreitet z. B. im Siegerland.

Nadeleisenerz ist ein charakteristisches Verwitterungsprodukt fast aller Eisenmineralien, die eine Umwandlung in „Brauneisen" („Limonit") erfahren. Dieses weitverbreitete Eisenhydroxyd mit wechselndem Wassergehalt und wechselnden Eigenschaften entspricht einem ehemaligen Gel und in seinen Konkretionsformen sowie Ausbildungen überwiegend Nadeleisenerz. Es bildet, vor allem im „Eisernen Hut", faserige Aggregate mit nierenförmiger, glänzend schwarzbrauner Oberfläche (brauner Glaskopf); auch dichte, erdige und tonige Massen. Farbe und Strich braun. Wird durch Glühen v. d. L. schwarz und magnetisch. Brauneisen wird als wichtiges Eisenerz im Harz, Thüringer Wald, in Nassau, Westfalen, im Erzgebirge usw. gewonnen und auf Eisen verhüttet. Abarten sind das aus runden Körnern bestehende Bohnerz (konkretionär in Taschen von Kalken), das in Mooren und Sümpfen abgesetzte Raseneisenerz (Wiesenerz, Sumpferz); letzteres wird als Filtermasse in den Gasanstalten (Entfernung von H_2S und HCN) verwendet. Von besonderer Bedeutung sind die in flachem Wasser gebildeten Brauneisenoolithe, die einen konzentrischen Schalenbau haben, und vielfach verhüttet werden; so die als Eisenerz wichtige Minette von Luxemburg, die Doggererze von Württemberg u. a.

Rubinglimmer, hat gleichfalls rhombische Symmetrie (D_{2h}^{17}), aber in dünntafeliger Ausbildung; zuweilen in Rosetten angeordnet, doch auch pulverig und glaskopfartig. Farbe in Splittern rubinrot. Spaltbarkeit vollkommen nach den Täfelchen (010). H. = 5, D. = 4,0. Auftreten wie Nadeleisenerz, aber seltener. Schöne Kristalle von Eiserfeld, Siegen.

Aluminiumhydroxyde. Als wichtigstes Bauxit, das aber ein Gemenge von Diaspor, Hydrargillit sowie Eisenhydroxyd darstellt; gebildet bei der Verwitterung tonerdereicher Gesteine (z. B. am Vogelsberg, Hessen) in tropischem Wechselklima oder als Verwitterungsrückstand von Kalksteinen (Les Baux in Südfrankreich, in Ungarn, im Karst usw.).

Hydrargillit, $Al(OH)_3$, in pseudohexagonalen, farblosen und weißen, glimmerartig spaltbaren Blättchen, aber auch radialfaserig sowie in warzigen Krusten (chalcedonartig). Raumgruppe C^5_{2h}. Gemengteil der Bauxite, Talkschiefer und Serpentine. Auch Verwitterungsprodukt von Korund. H. = $2^1/_2$—3, D. = 2,3—2,4.

Diaspor, $AlHO_2$, rhombisch (D^{16}_{2h}), meist blätterige und stengelige Aggregate, farblos oder gefärbt. Glasglanz. H. = $6^1/_2$—7, D. = 3,3—3,4. Sehr vollkommene Spaltbarkeit nach (010). Gemengteil des Bauxits. In kristallinen Schiefern, in kontaktmetamorphen Gesteinen. Begleiter des Smirgels.

Brucit, $Mg(OH)_2$, talkartig. Kristallisiert trigonal (D^3_{3d}). H. = $2^1/_2$, H. = 2,4. In kontaktmetamorphen Dolomiten (Predazzo) und Kalksteinen sowie Serpentin (z. B. Pitkäranta am Ladoga-See).

IV. Klasse: Haloidsalze

Diese Klasse umfaßt die Chlor-, Fluor-, Brom- und Jodverbindungen der Elemente. Sie zeigen Glas- bis Diamantglanz bei meist hellen Farben oder Farblosigkeit und geringe Härte; viele sind wasserlöslich. Genetisch sind sie Auskristallisationen des Meeres oder salinischer Gewässer, manchmal sekundäre Neubildungen. Selten Sublimationsprodukte der Vulkane.

Steinsalz, NaCl, kristallisiert regulär, in Würfeln. Gitter Fig. 42. O^5_h. $a_0 = 5{,}628$ Å. Nach den Würfelflächen sehr leicht spaltbar. Die großen Massen sind körnig; auf Klüften bisweilen auch faserige Aggregate. Farblos, durch beigemengte Substanzen grau, gelb, rot und grün; blaues Steinsalz hat vielleicht durch radioaktive Strahlungen seine Farbe erhalten; sie wird auf kolloidal verteiltes metallisches Natrium zurückgeführt. Durchsichtig oder durchscheinend, glasglänzend. H. = 2, D. = 2,1—2,2. Schmelzpunkt 800°. V.d.L. unter gelber Flammenfärbung verdampfend. Oft enthält Steinsalz Flüssigkeitseinschlüsse, die durch eine bewegliche Libelle leicht zu erkennen sind. In Wasser leicht löslich. Reines Steinsalz bleibt an der Luft trocken; durch andere Salze verunreinigt, zieht es Wasser an und zerfließt. Wird unter Druck bei mäßig hoher Temperatur plastisch und durch den Gebirgsdruck bisweilen in überlagernde jüngere Schichten eingepreßt (Ekzeme, Aufpressungshorste).

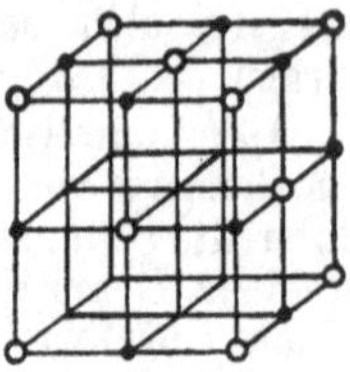

Fig. 42.

Steinsalz ist stets von Gips und Anhydrit begleitet und bildet, mit diesem schichtenweise abwechselnd, bis über 1000 m mächtige Lager; diese sind häufig mit einem von Salz durchtränkten Ton bedeckt, dem sogenannten Salzton, der kein Wasser durchläßt und so das Salz vor dem Auflösen bewahrt. In den oberen Schichten der Salzlager treten in Norddeutschland, wie z. B. bei Staßfurt-Leopoldshall, Vieneburg usw., noch große Massen von anderen leicht löslichen Salzen, die man Abraumsalze nennt, hinzu. Aus der Art des Vorkommens geht hervor, daß das Steinsalz in abgeschlossenen Meeresteilen aus Wasser, das große Salzmengen (35 g im Liter) gelöst enthielt, abgesetzt wurde. Geringe Mengen von Steinsalz werden an tätigen Vulkanen abgesetzt.

Mächtige Steinsalzlager kennt man bei Staßfurt, Sperenberg und an vielen Orten Norddeutschlands (Zechsteinformation); in Süddeutschland bei Heilbronn, Schwäbisch-Hall mit Wilhelmsglück (Muschelkalk), in den Alpen bei Berchtesgaden und im Salzkammergut (alpine Trias), dann bei Wieliczka und Kalucz in Galizien (Tertiärformation) usw. Auch Sublimationsprodukt der Vulkane (kalihaltig).

Das Steinsalz ist ein überaus wichtiger und unentbehrlicher Zusatz zu den menschlichen Nahrungsmitteln und auch für die Ernährung des Viehes von Wichtigkeit. Ferner ist es in der Industrie zur Darstellung von Soda, Ätznatron, Salzsäure, Chlor und vielen anderen Stoffen von größter Bedeutung.

Abraumsalze nennt man die Kali- und Magnesiumsalze, die — von jüngeren Ablagerungen bedeckt — in Norddeutschland in weiter Verbreitung bis nach Thüringen hin die oberste Schicht von Steinsalzlagern bilden und „abgeraumt" werden mußten, ehe das begehrte Steinsalz erreicht wurde; der hohe Wert dieser Salze, welche auch für andere Vorkommen kennzeichnend sind, wurde bald erkannt. Wichtig sind u. a.:

Sylvin, KCl, regulär, häufig Würfel mit Oktaeder; nach den Würfelflächen sehr leicht spaltbar. $O_h^5 \cdot a_0 = 6{,}28$ Å; Steinsalztypus. Bildet wie Steinsalz meist körnige Aggregate und sieht ihm zum Verwechseln ähnlich. Zum Unterschied zu diesem eine zart rötlichviolette Flammenfärbung. In Lösung bittersalziger Geschmack. Ist das geschätzteste Kalisalz. H. = 2, D. = 1,99.

Sylvinit ist ein Gemenge von Steinsalz und Sylvin; Hartsalz, dasselbe mit Kieserit ($MgSO_4 \cdot H_2O$).

Carnallit ($KCl \cdot MgCl_2 \cdot 6H_2O$) bildet körnige, farblose oder durch zierliche Eisenglimmertäfelchen rote Massen, die an der Luft Wasser anziehen und zerfließen. Wichtigstes primäres Kalisalz der norddeutschen Kalisalzlagerstätten, vor allem in der sog. Carnallitregion. Kristallisiert rhombisch (D_{2h}^6). H. = 1—2, D. = 1,60. Enthält auch Brom und in Spuren Rubidium, die aus Carnallit gewonnen werden.

Für die Abraumsalze sind noch einige wasserhaltige Sulfate charakteristisch: Kieserit ($MgSO_4 \cdot H_2O$) und sein Umwandlungsprodukt Bittersalz ($MgSO_4 \cdot 7H_2O$), der wichtige Kainit ($KCl \cdot MgSO_4 \cdot 3H_2O$), Polyhalit ($2CaSO_4 \cdot MgSO_4 \cdot K_2SO_4 \cdot 2H_2O$) u. a. (vgl. Sulfate).

Die Abraumsalze sind wegen ihres Kaligehaltes sehr wertvolle Düngemittel (im Handel gerne „Kainit" genannt); sie dienen ferner zur Darstellung von Kalisalpeter und vielen anderen Verbindungen; sie liefern Bittersalz, Brom, Rubidium und andere für die Industrie wichtige Stoffe. Auf elektrochemischem Wege wird aus ihnen das Leichtmetall Magnesium gewonnen.

Wichtige Kalisalzvorkommen, außer in Norddeutschland, im badischen Oberland und Oberelsaß im Tertiär; hier besonders Sylvinit und Hartsalz. Bemerkenswert auch Kalusz in Galizien, Solikamsk in Rußland, solche in der Nähe von Barcelona (Spanien) u. a. O.

Hornsilber (Chlorsilber), AgCl, bildet kleine, graue, reguläre Würfel oder Oktaeder schlechter Ausbildung oder hornähnliche Überzüge. O_h^5; $a_0 = 5{,}54$ Å. H. = 1—$1^1/_2$, D. = 5,5—5,6. Geschmeidig, läßt sich mit dem Messer schneiden. Wichtiges Silbererz im „Eisernen Hut" von Silbererzgängen (Johann-Georgenstadt; in den mittel- und südamerikanischen Anden; Treasury Hill in Nevada u. a. O.). Bergmännisch wichtig sind lokal

Bromsilber (AgBr) und das Mischungsglied Embolit, Ag(Cl, Br), z. B. in Mexiko und Chile. H. = 2, D. = 5,8—6. Geschmeidig. Farbe gelb bis olivgrün.

Salmiak, NH_4Cl, Sublimationsprodukt auf Vulkanen, aber auch auf brennenden Kohlenhalden und Flözen sowie in Guano. Meist farblos. Krustig, traubig. H. = 1—2, D. = 1,53. Stechend salziger Geschmack. Kubisch. O_h^1 (?).

Flußspat (Fluorit), CaF_2. Regulär in mannigfachen Formen; Würfel oder Oktaeder allein, häufiger in Kombination untereinander (vgl. Fig. 21) oder Würfel mit Dodekaeder (Fig. 43), mit Pyramidenwürfel, z. B. (310) (Fig. 44); auch mit Hexakisoktaeder. Ferner derb, körnig bis dicht. Verbreitet Durchkreuzungszwillinge (Fig. 45). Kristallgitter

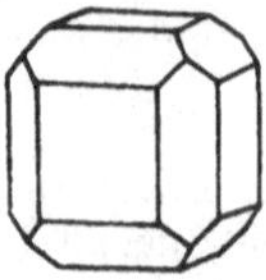
Fig. 43.

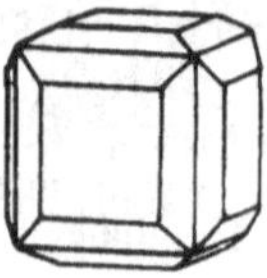
Fig. 44.

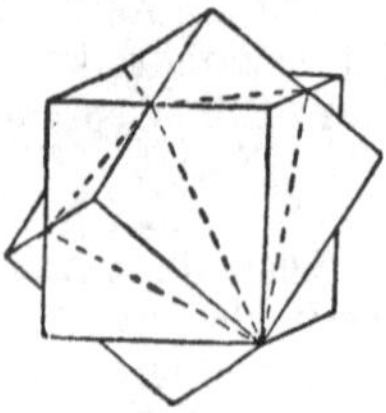
Fig. 45.

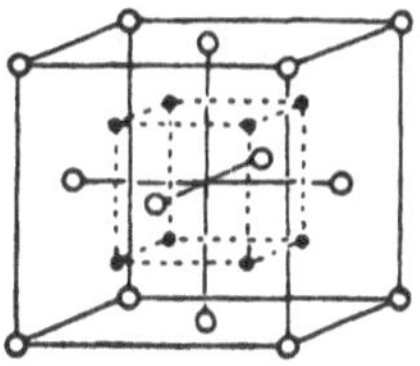

Fig. 46.

Fig. 46; $a_0 = 5{,}45$ Å. Spaltbar nach den Oktaederflächen, so daß man leicht oktaedrische Spaltungsstücke herstellen kann. H. = 4, D. = 3,1—3,2. Glasglanz. Selten farblos, meist gefärbt (fast alle Farben) und nicht selten zonar. Tiefblauviolette bis schwarze Abarten wahrscheinlich durch radioaktive Einwirkung verfärbt. Durch Erhitzen kann gefärbter Flußspat farblos werden, bei Radiumbestrahlung Farbe erhalten. Der schwarzblaue Fluorit von Wölsendorf (Oberpfalz) gibt beim Zerstoßen freies Fluor ab (Stinkspat). Intensivgefärbte Flußspäte zeigen Fluoreszenz. V. d. L. verknisternd und phosphoreszierend; selbst in Splittern schwer schmelzbar (Schmelzpunkt 1392°). Mit Schwefelsäure entweicht glasätzende Flußsäure.

In weitester Verbreitung vorwiegend pneumatolytisch bis hydrothermal auf Gängen, besonders Erzgängen, im Harz, Schwarzwald, Erzgebirge, England; in Drusen im Granit bei Striegau in Schlesien, Göschenen (rosa und oktaedrisch!), Baveno, bei Meiringen (farblos) u. a. O.

Dient zur Darstellung von Flußsäure, als Flußmittel bei Hüttenprozessen, zur Herabsetzung der Garbrandtemperaturen bei Zement, zur Emailherstellung und in der Glasfabrikation, zum Ätzen von Glas; der farblose Flußspat zu Linsen mikroskopischer Objektive (Apochromate); aus mehrfarbigen Flußspat werden z. B. in England Vasen, Schalen u. dgl. auf der Drehbank hergestellt.

Kryolith, Na_3AlF_6. Monoklin (C_{2h}^5); Kristalle von würfeligem Habitus selten; meist derbe, großkörnige Aggregate. Nach drei aufeinander nahezu senkrechten Richtungen spaltbar. Schneeweiß, seltener grau, rötlich oder schwarz; mit eigentümlichem feuchten Glasglanz. An der Flamme leicht schmelzbar (Schmelzpunkt 920°); gelbe Flammenfärbung. H. = $2^1/_2$—3, D. = 2,95. Ein pegmatitisches Mineral, in größeren Mengen nur in Ivigtut auf Grönland angetroffen. Wird u. a. zur Darstellung reiner Flußsäure benutzt; bei der Elektrolyse des Aluminiums als Schmelzofenzusatz.

Atakamit (Salzkupfererz), $CuCl_2 \cdot 3Cu(OH)_2$. Bildet rhombische Kristalle (D_{2h}^{16}), prismatisch und gestreift nach der Vertikalachse; meist aber faserige und strahlige Aggregate von gras- bis schwärzlichgrüner Farbe. H. = 3—3½, D. = 3,76. Findet sich vielerorts als Oxydationserz, z. B. in der Wüste Atakama (Chile), in Peru, Bolivien, Tsumeb, Australien (riesige Kristalle von Wallaroo) und ist lokal ein wichtiges Kupfererz.

V. Klasse: Karbonate

Salze der zweibasischen Kohlensäure (H_2CO_3), die durch Aufbrausen von CO_2 bei Behandlung mit Säuren leicht erkennbar sind. Härte nicht über 5.

a) Kalkspatgruppe (rhomboedrische Karbonate)

Kalziumkarbonat, $CaCO_3$, ist dimorph; es kommt in der Natur als Kalkspat (rhomboedrisch) und als Aragonit (rhombisch) vor. Die Karbonate der Kalkspatgruppe sind untereinander isomorph und lassen sich alle nach einem Rhomboeder leicht spalten.

Kalkspat (Calcit), $CaCO_3$, kristallisiert trigonal-skalenoedrisch, und spaltet nach einem Rhomboeder, das als Grundrhomboeder (Fig. 47) angenommen wird. Der Formenreichtum der Kristalle ist sehr groß (etwa 80 verschiedene Rhom-

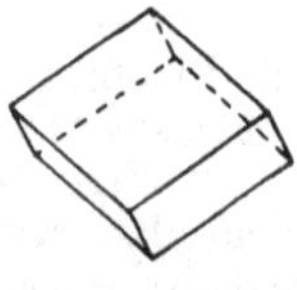
Fig. 47.

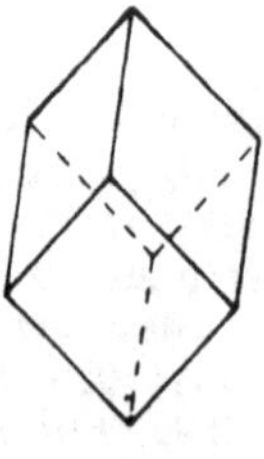
Fig. 48.

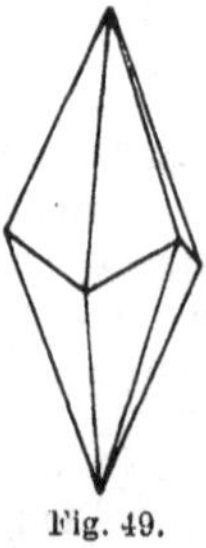
Fig. 49.

Fig. 50.

boeder, über 200 verschiedene Skalenoeder!); als einfache Formen treten stumpfe und steile (Fig. 48) Rhomboeder und Skalenoeder (Fig. 49) auf; ihre Kombinationen sind je nach dem Träger prismatisch, rhomboedrisch oder skalenoedrisch. Eine häufigere Vereinigung stellt Fig. 50 dar: Prisma erster Stellung $(10\bar{1}0)$ mit einem negativen, stumpfen Rhomboeder $(01\bar{1}2)$. Zwillingsbildung ist häufig; Zwillingsebene ist ent-

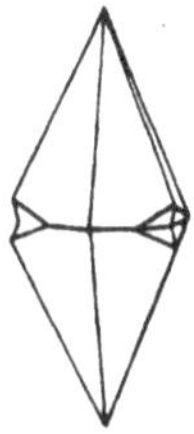

Fig. 51.

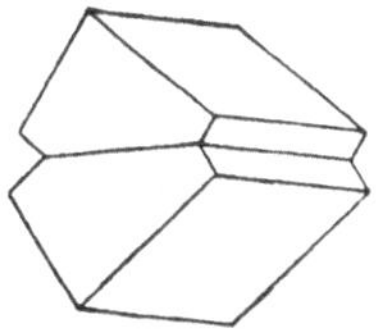

Fig. 52.

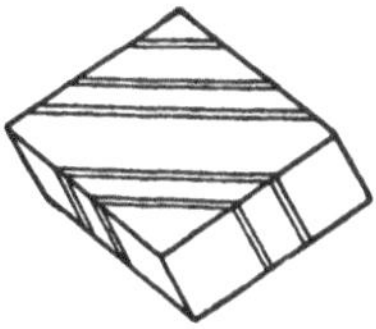

Fig. 53.

weder die Basis (Fig. 51) oder eine Rhomboederfläche, z. B. $(01\bar{1}2)$ (vgl. Fig. 52); durch mechanische Beanspruchung, wie Gebirgsdruck, polysynthetische Zwillinge nach $(01\bar{1}2)$ (Fig. 53). Herzförmige Zwillinge bei skalenoedrischer Ausbildung der Einzelkristalle; Zwillingsebene dann $(10\bar{1}1)$. Die derben Aggregate von Kalkspat sind körnig (Marmor), spatig, stengelig, faserig oder dicht (Kalkstein), seltener erdig (Kreide). Gitter Fig. 54. D_{3d}^{6}; $a_{rh} = 6{,}36 \cdot \alpha_{rh} = 46°6'$. — Durchsichtig bis undurchsichtig, farblos oder gefärbt. Viele Kalkspäte zeigen im ultravioletten Licht Fluoreszenz, die durch Spuren von seltenen Erden bedingt ist. Glasglanz. Der farblose, durchsichtige Kalkspat läßt besonders deutlich die Erscheinung der Doppelbrechung erkennen und heißt daher auch Doppelspat (von Island). Spröde. H. = 3, D. = 2,6—2,8 (Isländischer Doppelspat 2,72). Optische Daten in Tab. Schon in kalten Säuren unter lebhaftem Brausen (durch entweichende Kohlensäure) leicht löslich.

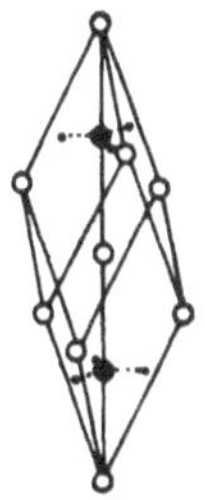

Fig. 54.

Flammenfärbung gelbrot. Die Dissoziation in CaO und CO_2 („Kalkbrennen“) erfolgt bei etwa 900°. Unter hohem Druck schmilzt Kalkspat bei etwa 1300°. Von Aragonit durch die Meigensche Probe (vgl. S. 68) zu unterscheiden.

Dichter Kalkstein ist oft reich an versteinerten Tieren, die ehemals im Meere gelebt haben; also organogener Natur. Die aufgewachsen vorkommenden Kristalle haben eine andere Bildung: Wasser, das Kohlensäure enthält, nimmt z. B. aus Kalkstein kohlensauren Kalk auf, der sich, wenn die Kohlensäure entweicht, wieder absetzt; so in Höhlen der Tropfstein, in Bächen der Kalksinter (Travertin von Tivoli bei Rom); in Klüften stengelige Aggregate. Auf Erzgängen und in Hohlräumen vulkanischer Gesteine schöne Kristalle. Als verhältnismäßig leicht lösliches Mineral ist Kalkspat oft unter Erhaltung seiner Form durch schwerer lösliche Mineralien verdrängt worden; solche Pseudomorphosen sind z. B. Zinkspat oder Roteisenstein nach Kalkspat. In gleicher Weise sind Kalklager verdrängt und z. B. zu Erzlager geworden (Metasomatose!).

Oolithischer Kalkstein ist sedimentärer Entstehung wie die Rogensteine des Buntsandsteins u. a. Körniger Marmor entsteht aus dichten und anderen Kalken durch Kontaktmetamorphose; im technischen Sinn ist jeder politurfähige, feinkörnige bis dichte Kalkstein oder Dolomit Marmor.

Kalkspat ist überaus weit verbreitet und oft in großer Menge auftretend. Der dichte Kalkstein bildet mächtige Gebirge und findet sich in allen Formationen; weißer Marmor wird u. a. am Pentelikon bei Athen, auf der Insel Paros und bei Carrara (Italien) gebrochen; er ist auch sonst, z. B. in den Alpen, nicht selten. Mit Granat, Vesuvian und Wollastonit bei Auerbach an der Bergstraße. Schöne Kristalle von Kalkspat stammen von St. Andreasberg im Harz, Freiberg in Sachsen, Groß-Sachsenheim in Württemberg, Oberstein an der Nahe, aus Derbyshire, Cumberland, Joplin in Missouri, vom Lake superior und vielen anderen Orten.

Der selten gewordene Doppelspat wird zu Polarisationsprismen (Nicols) benutzt, der weiße Marmor zu Bildhauerarbeiten; auch schön gefärbter Kalkstein, bunter Marmor, wird — in Platten geschnitten und poliert — vielfach verwendet. Der dichte Kalkstein wird als Baustein, gebrannt zur Mörtelbereitung benutzt; feinschiefrige Kalksteine (von Solnhofen) liefern lithographische Steine.

Magnesit (Bitterspat z. T.), $MgCO_3$, kristallisiert in einfachen Rhomboedern (Fig. 47), nach dessen Flächen er leicht spaltet. Nicht selten findet er sich in dichten, weißen Knollen. H. = 4—4½, D. ~ 3. V. d. L. unschmelzbar; Dissoziation in MgO und CO_2 bei ~ 500°. Braust mit Salzsäure erst in der Wärme. Die Kristalle finden sich als metamorphe Gemengteile eingewachsen in Talk und Chloritschiefern der Alpen, z. B. im Ziller- und Pfitschtal, am St. Gotthard usw.; in fast reinen selbständigen Lagern durch metasomatische Umwandlung von Kalken oder Dolomiten und dann bergmännisch gewonnen (Veitsch in der Steiermark, Radenthein in Kärnten u. a. O.). Aus der Zersetzung von Magnesiumsilikaten bildet sich der ursprünglich gelartige und nachträglich mikrokristallin umgelagerte dichte Magnesit von meist schneeweißer Farbe (Frankenstein in Schlesien, Kraubath in der Steiermark usw.).

Magnesit wird in der Technik zur Herstellung von feuerfestem Material, wie Magnesiumoxyd (Magnesia), viel verwendet; auch zum Auskleiden der Bessemer Birne, zu Isoliermasse (Magnesiumchlorid mit Sägemehl gemischt) u. a. m.

Dolomit (Bitterspat z. T.), $(Ca,Mg)CO_3$. Bildet meist einfache Rhomboeder, eingewachsen in Talk- und Chloritschiefern der Alpen oder auf Erz- und Mineralgängen sowie in Hohlräumen von Eruptivgesteinen; gesteinsbildend kristalline bis dichte Massen als Dolomit bzw. dolomitischer Kalkstein in allen geologischen Formationen (z. B. Devon bei Gerolstein in der Eifel); Dolomitmarmore, aus Triasdolomit entstanden, in den Südalpen (Binnental, Campolungo usw.). Häufig metasomatisch aus Kalkstein. Kristalle oft krummflächig (Fig. 55) und sattelförmig (Fig. 56). Nach Ätzfiguren deutlich mindersymmetrisch als die übrigen rhomboedrischen Karbonate (trigonal-hemiedrisch, C_{3i}^2). H. = 3½ bis 4, D. = 2,9.

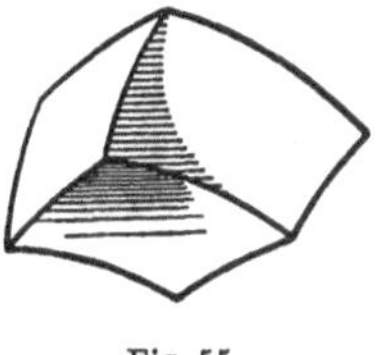

Fig. 55.

Weiß, gelb, grau; durchsichtig (Kristalle aus dem Binnental), meist jedoch trüb und fast undurchsichtig. Braust mit Salzsäure erst in der Wärme.

Dolomit wird zum Auskleiden von Schmelz- und Brennöfen verwendet; „halbsaurer" Dolomit (Dolomit, aus dem durch Erhitzen zwischen 700—750° nur die Kohlensäure des $MgCO_3$ ausgetrieben wurde, während das $CaCO_3$ noch nicht entsäuert ist!) ist vollwertiger Ersatz für Magnesia (vgl. S. 65) geworden und kommt bei der Wasserreinigung zur Verwendung (Magnomasse). Dolomitkalke ergeben wertvolles Düngemittel. Kaustischer oder totgebrannter Dolomit dient zur Erzeugung von Magnesiumsalzen.

Eisenspat (Spateisenstein, Siderit), $FeCO_3$. Die Kristalle sind meist einfache Rhomboeder (Fig. 47) und oft sattelförmig gekrümmt (Fig. 56); häufiger spätige, grob- bis feinkörnige Aggregate. Spaltbar nach den Rhomboederflächen. Hellgelb bis braun, durchscheinend bis undurchsichtig. H. = 4—$4^1/_2$, D. = 3,7—3,9. Im ultravioletten Licht zitronengelb. In heißer Salzsäure unter Aufbrausen löslich; die Lösung wird gelb. Dissoziert bei etwa 450° in Fe_3O_4 und CO_2. V. d. L. unschmelzbar, durch Erhitzen auf Kohle magnetisches Korn. Verwittert leicht, wird dunkler („Reifen" des Spateisensteins) und matt und geht schließlich in Limonit über; man findet daher häufig Pseudomorphosen von Limonit nach Eisenspat.

Fig. 56.

Sehr wichtiges Eisenerz, vor allem metasomatisch aus Kalk oder Dolomit gebildet in Lagern und Stöcken, z. B. bei Hüttenberg in Kärnten, Erzberg in Steiermark, Iberg am Harz, Bilbao in Spanien u. a. O.; hydrothermal auf Gängen im Siegerland (Spaltenausfüllungen unterdevonischer Schichten; wichtig der Mn-Gehalt dieses Spateisens mit 6—7 v. H.). Pegmatitisch-pneumatolytisch in manchen Zinnerzgängen. Kugelförmige Aggregate (Sphärosiderit) finden sich gelegentlich in Basalt (Steinheim bei Hanau). Sedimentär entstandene, durch Ton verunreinigte Massen (toniger Sphärosiderit), oft Versteinerungen enthaltend, kommen im Saargebiet, mit Kohle gemischt (Kohleneisenstein) in Westfalen und England vor und sind wertvolle Eisenerze. Auch oolithische Bildungen, z. B. Schmiedefeld in Thüringen.

In der Oxydationszone verwitterter Siederit bildet bei Mn-Gehalt verschiedene Manganoxyde, bei Ca-Gehalt Aragonit (Eisenblüte).

Zinkspat (Smithsonit), $ZnCO_3$. Rhomboedrische Kristalle selten; in der Regel faserige bis dichte oder erdige Aggregate; Krusten mit nierenförmiger, traubiger Oberfläche. Farblos, gelb, grau, auch grün und blau. Stark glasglänzend, durchscheinend bis trüb. H. = 5, D. = 4,3—4,5. Gibt, auf Kohle geglüht, gelben Beschlag. Findet sich als Verwitterungsmineral der Zinkblende teils als metasomatische Verdrängung, teils auf Klüften und in Hohlräumen z. B. in Oberschlesien, Altenberg bei Aachen, Brilon in Westfalen, Wiesloch in Baden, Raibl in Italien, bei Laurion in Griechenland, in Tsumeb u. a. O. Galmei ist der technische Sammelname für karbonatische und silikatische Zinkerze.

Zinkspat ist ein wichtiges Zinkerz, auch Schmuckstein (Aztekenstein, grünlichblau; aus Mexiko).

Manganspat (Himbeerspat, Rhodochrosit), $MnCO_3$, gewöhnlich nur kleine Rhomboeder; spätig, körnig und dicht, glaskopfartig. H. = 4, D. = 3,3—3,6. In warmen Säuren leicht löslich. Mn-Reaktion. Wichtiges Manganerz. Hydrothermal gebildetes Gangmineral (z. B. Kapnik in den Karpathen), im „Eisernen Hut" (schöne Kristalle bei Horhausen in Nassau); lagerförmig (Elbingerode im Harz, Südspanien u. a. O.) und stockförmig (z. B. in den französischen Pyrenäen). Körnig-faserige, gebänderte und gestreifte Aggregate (von Minas Capillitas, Provinz Andalgala in Argentinien) als Schmuckstein geschätzt.

Die Karbonate der Kalkspatgruppe haben nur im reinsten Zustand die angegebene chemische Formel; oft sind mehrere zweiwertige Elemente in isomorpher Vertretung nachweisbar; manche isomorphe Mischungen besitzen eigene Namen:

Braunspat (Ankerit), entspricht $Ca(Fe, Mg, Mn)C_2O_6$, Manganosiderit einem Mn-reichen Eisenspat, Breunnerit einem Magnesit mit Fe und Mn für Magnesium. Mesitin besteht aus etwa 50% $MgCO_3$ und 50% $FeCO_3$.

b) Aragonitgruppe (rhombische Karbonate)

Die Karbonate der Aragonitreihe kristallisieren rhombisch (D_{2h}^{16}); Kristalle oft pseudohexagonal. Verdrillingung häufig. Von den rhomboedrischen Karbonaten unterscheidet sie das Fehlen einer gleich vollkommenen Spaltbarkeit. Mit Kobaltsolution gekocht, färbt sich das Pulver der rhombischen Glieder lila, während das der rhomboedrischen weiß bleibt (Meigensche Probe).

Aragonit, $CaCO_3$, rhombische, gewöhnlich nach der Vertikalachse gestreckte Kristalle (Fig. 57), begrenzt von einem Vertikalprisma (110), der Längsfläche (010) und einem Längsprisma (011); aber auch mit spitzpyramidalen (spießigen) Endigungen (Fig. 58). Sehr häufig in Zwillingen, die eine Prismenfläche (110) gemeinsam haben (Fig. 59); nach diesem Gesetz auch polysynthetische Viellinge (eingelagerte Lamellen). Auch in Drillingen, die als Wendezwillinge oft pseudohexagonal aussehen (Fig. 60), besonders wenn sie am Ende nur von der Basis begrenzt sind; Längsfurchen und dreifache Streifung der Basis kennzeichnen Drillinge (Fig. 60). Prismatische Spaltrichtungen undeutlich; muscheliger Bruch. Farblos, weiß, gelb, auch rötlich und in anderen Farben.

Fig. 57.

Fig. 58.

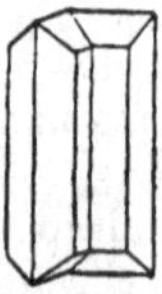

Fig. 59.

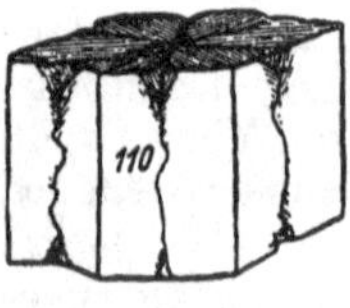

Fig. 60.

Opt. Daten in Tab. H. = $3^1/_2$—4, D. = 2,95; auch an diesem höheren spezifischen Gewicht kann man Aragonit leicht von Kalkspat unterscheiden. In kalter Salzsäure unter Brausen löslich; färbt die Flamme gelbrot. Im Wasser leichter löslich als Calcit.

Entsteht in heißen Quellen und auf Erzgängen, in Schalen mancher Wassertiere (Molluskel) und der Perlen. Aragonit geht mit der Zeit in Calcit über. — Schöne Kristalle in hydrothermaler Paragenesis in Basaltdrusen: Horschenz in Böhmen, Blaue Kuppe bei Eschwege, Sasbach am Kaiserstuhl u. a. O. Als Auslaugungsprodukt auf Erzlagerstätten (Kamsdorf bei Saalfeld), manchmal in ästigen Gebilden (Eisenblüte am Steirer Erzberg); auf Erzgängen, z. B. Leogang in Salzburg, Herrengrund in Ungarn (Drillinge!), Alston Moor. Eingewachsen in Ton (Molina in Aragonien, auf den Schwefellagerstätten Siziliens usw.). Faserige, dichte sowie konzentrisch-schalige und radialstrahlige Kugeln und Krusten als Absatz heißer Quellen, z. B. Karlsbad (Sprudelstein, Erbsenstein). Durchscheinender, gelblicher und grünlicher, fast dichter Aragonit (fälschlich Onyx genannt) aus Mexiko wird zu Skulpturen, Briefbeschwerern, Tintenfässern u. dgl. verarbeitet.

Weißbleierz (Cerussit), $PbCO_3$; isomorph mit Aragonit. Bildet farblose und weiße, kräftig diamantglänzende, rhombische Kristalle von pseudohexagonalem Aussehen: durch Kombination von (111) und (021) oder infolge Zwillingsbildung (Drillinge). Auch prismatisch nach der a-Achse oder tafelig nach (010); letztere bei Verzwillingung in fächerartiger Anordnung. Spaltbarkeit nicht hervortretend; spröde. H. = 3, D. = 6,4—6,6. Gibt auf Kohle erhitzt Bleibeschlag und Bleikorn. Findet sich als wichtiges Bleierz in der Oxydationszone von Bleiglanzlagerstätten; sehr verbreitet, z. B. im Oberharz, bei Braubach und Ems, im Buntsandstein von Mechernich, Monte Poni auf Sardinien, Tsumeb (schöne Kristalle und Trachten!) u. a. O.

■ **Witherit,** $BaCO_3$; isomorph mit Aragonit. Kristalle stets Durchkreuzungsdrillinge, die wie hexagonale Bipyramiden aussehen; auch traubig, kugelig, faserig und blättrig. Farblos, grau, gelblichweiß. Glasglanz. Durchscheinend. Mit Salzsäure befeuchtet eine gelbgrüne Flammenfärbung. H. = $3^1/_2$, D. ~ 4,28. Hydrothermal auf Bleiglanzgängen Englands, kontaktmetasomatisch in großer Menge in Californien (El Portal).

Strontianit, $SrCO_3$, auch isomorph mit Aragonit. Kristalle nadelig, spießig und gern büschelig verwachsen; Drillinge wie bei Aragonit. Derbe Aggregate sind strahlig bis faserig. H. = $3^1/_2$, D. = 3,7. V. d. L. nur an Kanten schmelzend; rote Flammenfärbung. Hydrothermal bis hydrisch auf Erzgängen (z. B. Clausthal und Grund am Harz). In wirtschaftlich verwendbarem Umfange wurde Strontianit auf selbständigen Gängen in Mergelschichten des Obersenons im Münsterschen Becken (Drensteinfurt, Ascheberg) abgebaut. Wurde zum Entzuckern von Molasse gebraucht, und zwar durch Abscheidung von schwer löslichem Strontiumsacharat. Strontiumsalze dienen in der Feuerwerkerei zur Herstellung von Leuchtraketen, Signalfackeln. Die Farben-, Glas-, Emaille- und Keramikindustrie haben vielseitigen Bedarf; die Stahlindustrie benutzt Strontium zur Herstellung von Spezialstählen, die Metallhüttenindustrie beim Kupferschmelzen, zum Härten von Akkumulatorenbleiplatten sowie als Zusatz zu Zinn, Blei- und Kadmiumlegierungen. Als Rheumaheilmittel (Strontium-Salizyl).

Kupferlasur (Azurit), $Cu_3[(OH)_2 \mid (CO_3)_2]$, lasurblau, und **Malachit,** $Cu_2[(OH)_2 \mid CO_3]$, grün, kristallisieren monoklinholoedrisch (C_{2h}^5); sie geben im Kölbchen Wasser, v. d. L. auf Kohle in der Reduktionsflamme ein Kupferkorn; mit Salzsäure brausen sie auf. Durch Aufnahme von Wasser und Verlust von Kohlensäure wandelt sich Kupferlasur in Malachit um; beide Mineralien pseudomorph nach Kupfererzen, auch nach Calcit, Dolomit.

Kristalle von Azurit oft flächenreich und von sehr verschiedener Tracht; auch in kugeligen Gruppen, derb, traubignierig. H. = $3^1/_2$—4, D. = 3,7—3,9. Schöne Kristalle bei

Betzdorf (Siegen), vor allem aber in Chessy bei Lyon und auf der Tsumebmine (Südwestafrika).

Kristalle von Malachit selten, meist nadelförmig; charakteristisch sind glaskopfartige, achatartig gebänderte Aggregate (z. B. im Ural, Katanga in Belgisch-Kongo). H. = 4, D. = 4,0.

Beide Mineralien entstehen bei der Verwitterung von Kupfererzen und sind sehr häufig; ihr Auftreten ist für Erzsucher Hinweis auf Kupfer. Örtlich wichtige Kupfererze; natürliche Mineralfarben. Malachit ist auch Schmuckstein; er wird zu Vasen und anderen Ziergegenständen verarbeitet.

VI. Klasse: Nitrate

Von der Salpetersäure sich ableitende Verbindungen. Infolge ihrer Wasserlöslichkeit in der Natur wenig verbreitet.

Natronsalpeter (Chilesalpeter), $NaNO_3$, kristallisiert wie Kalkspat in Rhomboedern (Fig. 47). Kristallgitter analog Kalkspat (Fig. 54). Bildet in der Natur ausschließlich körnige, allerhand Verunreinigungen enthaltende Massen. Glasglanz. Weiß, gelb, grau; im Wasser leicht löslich. Spaltbar wie Kalkspat nach den Rhomboederflächen. H. = 1—$1^1/_2$, D. = 2,2—2,3. Hohe Lichtbrechung und noch stärkere Doppelbrechung als Kalkspat (vgl. Tab.). Mächtige Lager von Natronsalpeter finden sich in regenlosen Gebieten des nördlichen Chile (Tarapaca mit dem Hafen Iquique), dann auch in Californien sowie Oberägypten u. a. O. Wird als wertvolles Düngemittel zur Darstellung von Salpetersäure und von Kalisalpeter benutzt. Zur Fabrikation von Schießpulver ungeeignet, weil an der Luft feucht werdend. Die aus dem Stickstoff der Luft hergestellten Nitrate haben den Salpeterabsatz vermindert. Aus den bei der Umkristallisation des Natronsalpeters zurückbleibenden Mutterlaugen wird das meiste in den Handel kommende Jod gewonnen.

Kalisalpeter (KNO_3) findet sich als Bodenausblühung in Kalkhöhlen (Kehrsalpeter); größere Lager in Bolivien. Kristallisiert rhombisch wie Aragonit (Fig. 57); in der Natur nur nadel- bis haarförmige Aggregate, Krusten. Farblos, grau. H. = 2, D. = 1,9—2,1. Schmelzpunkt 335°. Nicht hygroskopisch und damit zur Herstellung von Schwarzpulver geeignet. Entstehung unter Mitwirkung von Mikroorganismen oder tierischen Abfällen.

VII. Klasse: Borate

Wasserfreie oder wasserhaltige Borate haben in der Natur eine geringe Verbreitung. Nach dem Auflösen oder Aufschließen geben sie eine deutliche Reaktion auf Bor.

Boracit, $Mg_6Cl_2B_{14}O_{26}$; oberhalb 268° als α-Boracit kubisch (T_d^5), unterhalb 268° als β-Boracit (Staßfurtit) rhombisch (C_{2v}^{11}). Zur Beobachtung kommen meist mimetische Kristalle (feinste Zwillingslamellen) nach α-Boracit mit ausgezeichnet tetraedrischen Formen; eine häufige Kombination stellt Fig. 61 dar; Würfel mit Rhombendodekaeder und Tetraeder. Bei Erhitzung über 268° C verschwindet der Viellingsbau und es liegt Isotropie vor. H. = 7, D. = 2,9—3. Die immer nur kleinen Kristalle sind glas- bis diamantglänzend, durchsichtig bis durchscheinend, gelegentlich mit einer trüben Kruste überzogen, farblos, grau, bläulich oder gelblich und finden sich z. B. im Gips bei Lüneburg, Eime und Wehmingen in Hannover und Segeberg in Holstein; vor allem in der Carnallitregion von Staßfurt; hier auch dichte, weiße Knollen („Staßfurtit") beobachtet. Boracit wird gelegentlich auf Borsäure und Borate verarbeitet.

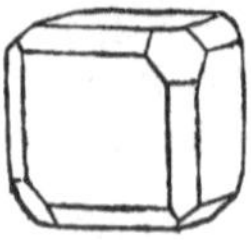
Fig. 61.

Borax oder Tinkal, $Na_2B_4O_7 \cdot 10H_2O$, kristallisiert monoklin (C_{2h}^6); die Form der Kristalle ist augitähnlich (Fig. 92). Farblos, durchsichtig oder trüb und undurchsichtig. Fettglänzend; oberflächlich manchmal eine trübe Kruste. H. = 2—$2^1/_2$, D. = 1,7—1,8. In Wasser löslich; süßlichsalziger Geschmack. Findet sich als Absatz der sogenannten Boraxeen im westlichen Tibet, in Californien und vor allem in Nevada (technisch wichtiges Vorkommen) zusammen mit anderen borsauren Salzen. Sehr viel Borax wird aber auch aus der in Toskana gewonnenen Borsäure, $B(OH)_3$ (Sassolin, triklin; perlmutterglänzende Blättchen bei Sasso in Toskana), fabrikmäßig dargestellt.

Kernit (Rasorit), $Na_2B_4O_7 \cdot 4H_2O$; monoklin (C_{2h}^4); grobspätige, wasserklare Massen, aber auch große Kristalle. H. = $2^1/_2$, D. = 1,95. Wichtiges Bormineral, vor allem vom Kern County in Californien. Durch schwache Kontaktmetamorphose aus Borax entstanden. Neuere Fundorte bei Barcelona, in Kleinasien und Argentinien.

Die Bormineralien dienen zur Herstellung von Borax sowie Perboraten zu Waschpulvern, Rasierseifen usw.; zu Glassorten und zu Emaille, als Düngemittelzusatz und zu Borsäure in der Medizin. Ein aus Boraten und Kohle im elektrischen Widerstandsofen hergestelltes Borkarbid, B_4C, übertrifft an Härte noch Karborundum; wird als Schleifmittel und zu Schleifscheiben benutzt.

VIII. Klasse: Sulfate

Schwefelsaure Salze, die wasserfrei oder wasserhaltig in der Natur auftreten.

a) Wasserfreie Sulfate

Schwerspat oder Baryt, $BaSO_4$. Rhombisch; die Kristalle, oft ausgezeichnet ausgebildet und flächenreich (über 200 beobachtete Flächenformen!), tafelig oder prismatisch; häufige Kombinationen sind Vertikalprisma mit Basis, der Spaltform entsprechend (Fig. 62), oder Quer- und Längsprisma mit Basis (Fig. 63 und 64). Gitter: D_{2h}^{16}; die SO_4^{-2}-Gruppen in nahezu kubischen Tetraedern. Spaltbar nach der Basis (vollkommen, Perlmutterglanz!) und dem Vertikalprisma. Weiß

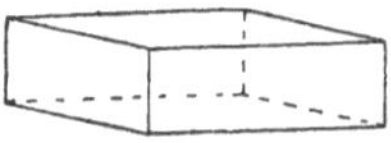

Fig. 62.

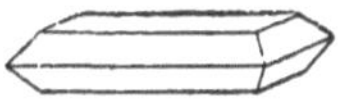

Fig. 63.

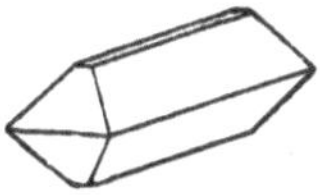

Fig. 64.

oder in sehr verschiedenen, aber nicht kräftigen Farben; durchsichtig, meist trüb und undurchsichtig. Glasglanz. H. = 3—3½, D. = 4,5. Die großen Massen bilden körnige, blättrige und stengelige Aggregate, die durch ihre Schwere und Spaltbarkeit von ähnlich aussehenden Mineralien zu unterscheiden sind. Charakteristisch ist auch eine hahnenkammartige bis halbkugelige Aggregierung. V. d. L. sehr schwer zur Perle schmelzbar; gelblichgrüne Flammenfärbung. Unlöslich in Salzsäure.

Schwerspat ist vorwiegend hydrothermaler Bildung; auf Erzgängen im Harz, Erzgebirge, in Böhmen, England usw.; derbe Schwerspatgänge kommen in Deutschland vielfach zum Abbau, wie bei Sontra, Bad Lauterberg am Harz, Oberkainsbach im Odenwald, bei Biber im Spessart, in der Dill- und Nahemulde u. a. O. Auch sonst ein sehr verbreitetes Bariummineral; sedimentärer Entstehung (konkretionäre Knollen) z. B. bei Münzenberg in Hessen; in chemischen, z. T. organogenen Sedimenten am Rammelsberg bei Goslar, vor allem aber bei Meggen an der Lenne (Westfalen); hier sehr rein, aber durch Bitumengehalt fast schwarz und als „Reduzierspat" bezeichnet (muß vor seiner Verwendung zunächst durch Glühen mit Kohle reduziert werden!).

Verwendung vielseitig. Wichtigster Grundstoff für die Farben-, Lithopone- (Gemenge von $BaSO_4$ und ZnS) und Lackherstellung, zum Glätten und Beschweren von Kunstdruckpapieren, als „Ölspat" zum Beschweren des Spülwassers bei Erdölbohrungen, als „Kohlenspat" in bestimmten Aufbereitungsverfahren der Steinkohle benutzt. Schwerspat ist das grundlegende Rohmaterial zur Darstellung von Bariumpräparaten.

Mit Schwerspat sind isomorph:

Cölestin, $SrSO_4$. Kristalle ähnlich Baryt. H. = 3—3½, D. = 3,9. Gelegentlich hydrothermal; vorwiegend gebildet durch Lateralsekretion auf Klüften und in Hohlräumen von Kalken, Dolomiten usw.; so farblose, prismatische Kristalle mit Schwefel in Sizilien, blaue, graue und rosafarbene von Rüdersdorf bei Berlin, blaue faserige Platten im Muschelkalk bei Jena, große tafelige Kristalle bei Obergembeck im Waldeck; auch in der Nähe von Stadtberge in Westfalen (Giershagen und Helmscheid). Verwendung vgl. Strontianit (S. 70).

Anglesit, $PbSO_4$, bildet farblose und schwach gefärbte, diamantglänzende Kristalle als Oxydationsprodukt von Bleiglanz (Wissen an der Sieg, Bleialf in der Eifel, Badenweiler und Schapbach in Baden, vor allem in Monte Poni auf Sardinien, Linares in Spanien u. a. O.). H. = 3, D. = 6,3. V. d. L. in der Reduktionsflamme auf Kohle ein Bleikorn. Löslich in Kalilauge. — Gelegentlich als Bleierz verhüttet.

Anhydrit, $CaSO_4$, rhombisch (D_{2h}^{17}); kleine prismatische Kristalle (Fig. 65) im Kieserit von Staßfurt, sonst fast immer derb, grob- bis feinkörnig; spaltbar nach den drei aufeinander senkrechten Endflächen (001), (010) und (100), aber ungleichwertig; am vollkommensten nach (001). Durchsichtig oder durchscheinend, glasglänzend; farblos, weiß, grau, rot, bläulich. H. = 3—4, D. = 2,9—3. Schmilzt v. d. L. schwer zu weißer Perle. Kommt fast stets sedimentär, meist mit Steinsalz zusammen, vor; reichlich und gesteinsbildend, z. B. im deutschen Zechstein (Anhydrit-Region). Anhydrit geht durch Wasseraufnahme unter Volumausdehnung (etwa 60%) in Gips über und bildet den sogenannten Schlangenalabaster; diese Volumzunahme bedingt örtliche Bewegungen der Erdkruste. Selten hydrothermal auf Erzlagerstätten (z. B. Bad Lauterberg, St. Andreasberg im Harz) oder Exhalationsprodukt. Wird u. a. zur Gewinnung von Ammoniumsulfat in den Leunawerken (Haber-Bosch-Verfahren) verwendet.

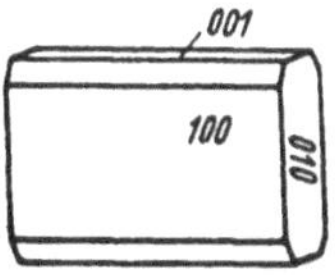

Fig. 65.

b) Wasserhaltige Sulfate

Gips, $CaSO_4 \cdot 2H_2O$, monoklin-holoedrisch (C_{2h}^{6}). Kristalle häufig begrenzt von Vertikalprisma, Längsfläche und Pyramide oder Längsprisma (Fig. 66); oft linsenförmig gekrümmt. Auch dicktafelig nach (010). Zwillingsbildung häu-

Fig. 66.

Fig. 67.

fig; wegen ihrer Form (Fig. 67) Schwalbenschwanzzwillinge genannt; Zwillingsebene die Querfläche. Nicht selten Durchkreuzungszwillinge. Derbe Massen grobspätig, feinfaserig (Fasergips) und meist körnig; reiner, feinkörniger Gips heißt Alabaster; große, klare Spaltungsstücke führen die Bezeichnung Marienglas. Vielfach pseudomorph nach Anhydrit, aber auch Steinsalz und Kalkspat. Gips ist nach der Längsfläche (010) sehr vollkommen spaltbar (Perlmutterglanz); weniger gut, aber immer noch deutlich, spaltet er parallel der Querfläche (muschelig) und parallel ($\bar{1}11$) (faserig). Farblos, auch gelblich, grau und rot. Durch Bitumen verunreinigt (Stinkgips). Durchsichtig oder durchscheinend. Glasglanz. H. = 2, D. = 2,3—2,4. Gibt im Kölbchen Wasser.

Bildung entweder unmittelbar aus wässerigen Lösungen oder durch Wasseraufnahme von Anhydrit (vgl. S. 75). Vorkommen in erster Linie in zahlreichen Salzlagerstätten (in Deutschland besonders in den Perm- und Triasablagerungen). Große, klar durchsichtige, farblose Kristalle auf den Schwefellagerstätten von Sizilien, ferner in Gipshöhlen, z. B. bei Reinhardsbrunn im Thüringer Wald; große gelbliche Schwalbenschwanzzwillinge am Montmartre bei Paris. Kristallgruppen als konkretionäre Ausscheidungen nicht selten im Ton, z. B. bei Mainz, Braunschweig, Wiesloch in Baden. Die körnigen Massen, die mit und ohne Steinsalz vorkommen, sind chemisch-sedimentärer Bildung (Ausscheidungen ozeanischer Salzlagerstätten), die Kristalle und faserigen Aggregate in Hohlräumen und auf Klüften aus Lösungen, die Gips gelöst hatten, abgesetzt. Auch durch Verwitterung von Bleiglanz, Zinkblende usw. auf sulfidischen Lagerstätten beobachtet.

Durch Erwärmen auf 120—130° verliert Gips den größten Teil seines Wassers, wobei er in das Halbhydrat $CaSO_4 \cdot {}^1/_2 H_2O$ (als Bassanit in der Natur ganz selten) übergeht;

dieser „gebrannte“ Gips nimmt das verlorene Wasser wieder sehr schnell auf und wird hierbei fest. Hierauf beruht seine Verwendbarkeit zu Stuck („Stuckgips“), Abgüssen und Verbänden. Durch stärkeres Erhitzen (auf 190°) wird Gips wasserfrei, „tot“ gebrannt, und verliert dadurch die Fähigkeit, Wasser schnell zu binden, sondern erst allmählich in einigen Tagen (Estrich- oder Mörtelgips). Gelegentlich dient Gips zur Gewinnung von Schwefel und Schwefelsäure. Hauptverbraucher von Gips ist die Bauindustrie; weiter verwendet zur Herstellung von Zement, von Düngemittel (Ammonsulfat), Farben, Emaille, Porzellan, Gipsplatten usw. Alabaster wird zu Vasen, Skulpturen u. dgl. verarbeitet.

Kupfervitriol oder Chalkanthit, $CuSO_4 \cdot 5\,H_2O$. Triklin (C_i^1). Natürliche Kristalle selten, meist krustenförmig und als Ausblühung. Blau. Glasglänzend. H. = $2^1/_2$, D. = 2,2—2,3. Als Verwitterungsprodukt von Kupfererzen, vor allem auf alten Bauten beobachtet, z. B. Rammelsberg bei Goslar. In Chuquicamata (Chile) eines der wichtigsten Kupfererze.

Kieserit, $MgSO_4 \cdot H_2O$, monoklin (Kristalle selten; C_{2h}^6); weiße bis gelbliche körnige Massen auf den verschiedenen Kalisalzlagerstätten (Kieseritregion!) Norddeutschlands; auch bei Hallstatt, Kalusz u. a. O. H. = $3^1/_2$ (für ein Salzmineral hart!), D. = 2,57. Geht an feuchter Luft unter Aufnahme von Wasser in

Bittersalz (Epsomit), $MgSO_4 \cdot 7H_2O$, über. Rhombisch-bisphenoidisch (D_2^4); Kristalle in der Natur kaum beobachtet. Als Ausblühung (in der Nähe des Eltonsees, in den sibirischen Steppen usw.), als Verwitterungsprodukt auf Erzlagerstätten (Herrengrund, Neusohl u. a.) und als Ausscheidung aus Salzseen. H. = 2—$2^1/_2$, D. = 1,68. Verwendung als Beize in der Färberei, zu Appreturen und medizinisch.

Glaubersalz, $Na_2SO_4 \cdot 10H_2O$. Kristallisiert monoklin (C_{2h}), natürlich nur in faserigen Krusten und Ausblühungen. Kennzeichnend ein kühlender salzig-bitterer Geschmack. Auf alpinen Salzlagerstätten, als Abscheidung von Salzseen, als Beschlag auf Gips, Steinsalz. Wird nach Kalzination zur

Glasfabrikation verwendet, dann zur Herstellung von Wasserglas, zu Farbbändern, bei der Darstellung von Sulfatcellulose. H. = $1^1/_2$, D. = 1,49.

Kainit, $KCl \cdot MgSO_4 \cdot 3H_2O$, monoklin-prismatisch ($C_{2h}$). Meist nur zuckerkörnige Aggregate in derben Massen. Vollkommene Spaltbarkeit nach (100). Weiß, oft gelblich, auch rot. H. = 3, D. = 2,1. Durchscheinend. An der Luft ziemlich beständig. Wichtiges und auch verbreitetes Mineral auf den Kalisalzlagerstätten Norddeutschlands, sekundär aus Carnallit (vgl. S. 59) hervorgegangen und so als „Hutbildung" der Carnallitregion. Auch in Kalusz (Galizien) beobachtet. Im gemahlenen Zustand begehrter Kalidünger.

Polyhalit, $2CaSO_4 \cdot MgSO_4 \cdot K_2SO_4 \cdot 2H_2O$, kristallisiert triklin (C_i). Kristalle klein und selten; gewöhnlich derbe Massen oder langfaserig-blättrig. Zwillingsstreifung gelegentlich wie bei Plagioklas. Vollkommene Spaltbarkeit nach der Basis. Lebhaft rot (durch Eisenoxydeinschlüsse) oder grau bis gelb. Durchscheinend. Schwacher Fettglanz. H. = 3—$3^1/_2$, D. = 2,77. Vorkommen in erheblichen Mengen in der sogenannten Polyhalitregion der norddeutschen und anderer Kalisalzlagerstätten; wegen des geringen Kaligehaltes (16%) nur gelegentlich abgebaut.

IX. Klasse: Molybdate und Wolframate

Wasserfreie Salze der Molybdän- und Wolframsäure, gekennzeichnet durch ein hohes spezifisches Gewicht.

Wulfenit (Gelbbleierz), $PbMoO_4$, in kräftig gelben bis orangeroten, seltener farblosen Kristallen der tetragonal-pyramidalen Klasse (C_4); fast immer aufgewachsene Tafeln, seltener pyramidal oder kurzsäulig. Auch derb und krustig. Diamant- bis Harzglanz. Durchsichtig bis durchscheinend. H. = 3, D. = 6,7—6,9. V. d. L. unter Zerknistern leicht schmelzbar; auf Kohle zu Bleikorn reduzierbar. Charakteristisches Produkt der Oxydationszone von Bleiglanzlagerstätten und örtlich als Molybdänerz abgebaut (Bleiberg in Kärnten, Mieß in Jugoslawien, auch Höllental bei Garmisch).

Scheelit (Tungstein), $CaWO_4$, tetragonal (pyramidal-hemiedrisch); vorwiegend pseudooktaedrischer (quadratische Bipyramiden) Habitus. Gitter C_{4h}^6. Gelb und braun, glasglänzend, durchscheinend. H. = $4^1/_2$—5, D. = 6. V. d. L. unschmelzbar. Mit konzentrierter Schwefelsäure erwärmt, blaue Lösung.

Findet sich in pegmatitisch-pneumatolytischen Bildungen, z. T. mit Wolframit zusammen (Brasilien und Südwestafrika), dann kontaktmetasomatisch (Traversella in Piemont, Pitkäranta in Finnland usw.), aber auch hydrothermal (Schellgaden in Salzburg, in Hinterindien u. a. O.) und hydrothermal-metasomatisch (Oruro in Bolivien). Selten auf Klüften (Riesengrund an der Schneekoppe, Untersulzbachtal usw.) Nach Wolframit das wichtigste Wolframerz.

Wolframit ist eine isomorphe Mischung von (Fe, Mn)WO_4. Monoklin. (C_{2h}^4); kurzprismatische bis stengelige oder dicktafelige Kristalle, metallglänzend, undurchsichtig, dunkelbraun bis schwarz, mit dunkelrotbraunem Strich. H. = 5 bis $5^1/_2$, D. = 7,14—5,54. Wichtigstes Wolframerz, gebunden an pegmatitisch-pneumatolytische Lagerstätten, vor allem des Zinnsteins (wie im sächsisch-böhmischen Erzgebirge); bedeutsamen Abbau haben China, die Malaienstaaten und Birma, Südkorea u. a. O.

Wird zur Darstellung der Wolframpräparate, als Zusatz zu Stahl (Wolframstahl) und als reines Wolfram (wegen seiner schweren Schmelzbarkeit) zu den Fäden elektrischer Glühlampen benutzt. Ein Wolframkarbid, Widia genannt, ist hart wie Diamant und wird, an Stahlwerkzeuge angeschweißt, zur Bearbeitung von Glasgeräten und zu Schneidscheiben verwendet. Auch für Schmelzfarben und als Na_2WO_4 für unverbrennliche Webstoffe von Bedeutung.

X. Klasse: Chromate

Rotbleierz (Krokoit), $PbCrO_4$. Gelbrote, fettglänzende, langprismatische Kristalle (monoklin, C_{2h}^5), die sich in der Oxydationszone von Bleiglanzlagerstätten bei Anwesenheit von chromhaltigen Lösungen bilden. H. = $2^1/_2$—3, D. = 5,9—6. Ungewöhnlich starke Doppelbrechung: 0,35 (vgl. Tab.), doppelt so stark wie Calcit (0,17). In Salzsäure unter Abscheidung von $PbCl_2$ löslich. V. d. L. leicht schmelzend, auf Kohle eine Schlacke mit Bleikügelchen.

XI. Klasse: Phosphate

Die Mineralien dieser Klasse bestehen aus Verbindungen, die sich von der dreibasischen Phosphorsäure H_3PO_4 ableiten lassen. Sie sind überwiegend wasserhaltig. Die Struktur der Phosphate wird vorwiegend durch PO_4-Tetraeder bestimmt.

Die Zahl der in der Natur auftretenden Phosphate ist außerordentlich groß; die meisten sind jedoch seltene Pegmatit- und Hutmineralien. Nur die allerwichtigsten kommen zur Besprechung.

a) Wasserfreie Phosphate

Apatit ist chlor- oder fluorhaltiger phosphorsaurer Kalk, $Ca_5Cl(PO_4)_3$ bzw. $Ca_5F(PO_4)_3$, aber meist in gegenseitiger isomorpher Mischung. Hexagonal-hemiedrisch (C_{6h}^2). Außer dem Prisma erster Stellung treten Bipyramiden erster und zweiter Stellung auf; letztere kommen aber nur mit der Hälfte der Flächen (die Kanten zwischen Prisma erster und Bipyramide zweiter Stellung abstumpfend) vor, so daß Apatit hemiedrisch ist (Fig. 68); diese Hemiedrie ist auch mit Ätzfiguren nachweisbar. Durchsichtig bis undurchsichtig, glasglänzend, farblos, gelb bis ölgrün (Spargelstein), braun, blaugrün, violett usw.; unvollkommen nach der Basis spaltbar. H. = 5, D. = 3,2. — Verbreitetes und wichtiges Mineral; tafelige Kristalle aufgewachsen in pegmatitisch-pneumatolytischen Gängen im Erzgebirge; auf Klüften kristalliner Schiefer in den Alpen, oft flächenreich; eingewachsen in prismatischen bis nadeligen Kristallen, meist nur von mikroskopischer Größe in fast allen Eruptivgesteinen und hierdurch über die ganze Erde verbreitet, so daß man im Apatit den ursprünglichen Träger des Phosphors erblicken kann.

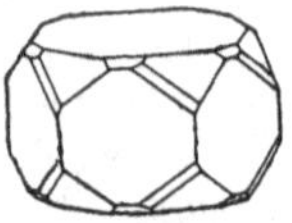

Fig. 68.

Sehr feinkörnig in den magmatischen Eisenerzen von Kiruna (Schweden). Dichte und erdige, sedimentär oder metasomatisch gebildete Massen (Phosphorit) in Lagern an der unteren Lahn in Nassau, bei Amberg in Bayern, in Belgien, in Frankreich, Algier, Tunis, vor allem in den Chibiny-Tundren in Lappland nördlich des Polarkreises, in den Vereinigten Staaten (Florida), auf den Koralleninseln der Südsee; sie werden zu Düngemittel (Superphosphat) verarbeitet. Farbiger und klarer Apatit ist gelegentlicher Schmuckstein.

Pyromorphit (Braunbleierz), $Pb_5Cl(PO_4)_3$, meist in bauchigen, faßförmigen sechsseitigen Prismen von vorwiegend grüner bis brauner, auch weißer Farbe am Ausgehenden von Bleierzlagerstätten, z. B. Grube Friedrichssegen bei Ems, Holzappel, Wissen an der Sieg, Badenweiler und Hofsgrund in Baden und an vielen anderen Orten. V. d. L. leicht und zu einer facettierten Perle schmelzbar. Mit Soda auf Kohle Bleikorn. H. = $3^1/_2$—4, D. = 6,7—7,0. Isomorph mit Apatit. Ähnlich Pyromorphit ist

Mimetesit (Grünbleierz), $Pb_5Cl(AsO_4)$, das v. d. L. unter Entwicklung von Arsendämpfen zu Blei reduzierbar ist. Im Aussehen (gewöhnlich honiggelb) und Vorkommen analog Pyromorphit, aber an arsenhaltige Bleiglanzlagerstätten gebunden.

Monazit ist ein Phosphat seltener Erden (Ce, La, Di, Th)PO_4, mit $^1/_2$—19% Thorium. Monoklin (C_{2h}^5). Kristalle tafelig und verzwillingt nach (100); Tracht mit der Paragenese wechselnd. Oft in Körnern und Rollstücken. Farbe dunkelbraun bis hellgelb. Undeutliche Spaltbarkeit. H. = 5—$5^1/_2$, D. = 4,8—5,5. Stark harzglänzend und meist nur durchscheinend. V. d. L. unschmelzbar. Mit Schwefelsäure befeuchtet grüne Flammenfärbung. Spärlicher Gemengteil von Graniten und Gneisen, in Finnland von Granuliten; in Pegmatiten größere Kristalle, z. B. von Schreiberhau im Riesengebirge, größere Massen u. a. zu Amelia Court House, Virginia. Neben Pechblende in Shinkolobwe, Katanga. Praktische Bedeutung haben nur Seifen (Monazitsande), vor allem in Brasilien (Minas Geraes, Bahia usw.), Vorderindien

(Küste von Travancore) sowie Ceylon, aber auch Nord- und Südcarolina (USA). Die gewonnene Thoriumerde wird zur Herstellung der Auerschen Gasglühlichtstrümpfe benutzt; ein wertvolles Nebenprodukt ist das radioaktive Mesothorium. Die Monazitsande sind das wichtigste Cer-Erz (vgl. Orthit).

b) Wasserhaltige Phosphate

Türkis (Kallait), $CuAl_6(PO_4)_4 \cdot (OH)_8 \cdot 4H_2O$, dicht, traubig-nierig, undurchsichtig, wegen seiner himmelblauen Farbe (auch blaugrün bis apfelgrün) als Edelstein geschätzt. Selten in winzigen, triklinen Kriställchen (C_i). H. = 5—6, D. = 2,6—2,8. Die besten Türkise liefert Persien (Nishapur und Chorassan); hier als Zersetzungsprodukt auf schmalen Klüften und in Hohlräumen von Trachyt. Grüner, weniger geschätzter Türkis findet sich in Jordansmühl, Schlesien; besserer und schleifwürdiger Türkis kommt von New Mexiko, Nevada und Colorado. Türkis-Matrix, als Schmuckstein beliebt, ist Türkis mit eingeschlossenem Begleitgestein oder mit Druck- und Schrumpfrissen, die Brauneisen und wasserhaltige Manganoxyde enthalten.

Vivianit (Blaueisenerz), $Fe_3(PO_4)_2 \cdot 8H_2O$, vorwiegend strahlige, faserige Aggregate; langsäulige monokline Kristalle (C_{2h}^3), aufgewachsen; auch erdig (Blaueisenerde). Im frischen Zustand farblos oder weiß, an der Luft sofort blau (durch Oxydierung von Fe^{2+} zu Fe^{3+}). Auch der zunächst farblose Strich wird indigoblau; oxydiertes Pulver lederbraun. Nach (010) vollk. spaltend. H. = 2, D. = 2,6—2,7. Schmilzt leicht; grüne Flammenfärbung; v. d. L. magnetisch. In Salzsäure löslich. Bildet sich unter Luftabschluß aus ferrohaltigen Mineralien auf Klüften (Waldsassen in Bayern, Llallagua in Bolivien u. a. O.). Konkretionär in Tonen; in fossilen Knochen und Muscheln.

XII. Klasse: Silikate

Die Silikate sind Verbindungen der Kieselsäure mit Basen, von denen Kali, Natron, Kalk, Magnesia, Eisen und Tonerde am häufigsten sind. Sie enthalten entweder nur eine dieser Basen oder mehrere. Aluminium kann darin auch die Rolle einer Säure spielen: Aluminatsilikate.

Die Zahl der Silikate ist sehr groß, weil die erwähnten Bestandteile in recht verschiedenen Mengenverhältnissen vereinigt sein können. Bemerkenswert ist ihre Struktur; sie wird nun vorwiegend als Einteilungsgrundlage der Silikate genommen, wobei für bestimmte Gruppen charakteristische Bauprinzipien bestimmend sind.

Das grundlegende Gerüst aller Silikatstrukturen ist das $[SiO_4]^{-4}$-Tetraeder; bei diesem ist das Si-Ion tetraedrisch oder annähernd tetraedrisch von 4 Sauerstoff-Ionen umgeben (Fig. 69).

Wesentlich ist nun, daß die Kieselsäuretetraeder im Kristallgitter eine sehr verschiedenartige Gruppierung und Anordnung erfahren können, wobei sie jeweils von geeigneten Kationen (positiv geladenen Ionen) abgesättigt und untereinander zusammengehalten werden. Man unterscheidet:

1. **Orthosilikate.** Selbständige und durch Kationen verbundene $[SiO_4]^{-4}$-Tetraeder; man spricht vom Inselgitter oder Orthotypus, weil eine Ableitung von der Orthokieselsäure H_4SiO_4 möglich ist (Orthosilikate). Beispiel: Phenakit $Be_2[SiO_4]$, bei welchem die vier freien Valenzen durch zwei Be^{+2} abgesättigt sind.

2. **Inselgitter,** in welchen 2, 3, 4 oder 6 Tetraeder untereinander vereinigt sind.

a) Wenn zwei Tetraeder von $[SiO_4]^{-4}$ als Gruppe zusammentreten, so haben sie eine Ecke gemeinsam; ein Sauerstoff gehört dann gleichzeitig beiden Tetraedern an (Fig. 70), wodurch zwei Valenzen verlorengehen; daher $[Si_2O_7]^{-6}$ (Gruppenstruktur). Beispiel: Thortveitit (ein seltenes Mineral mancher Granitpegmatite) $Sc_2[Si_2O_7]$.

b) Drei Tetraeder bilden einen Ring; es sind demnach drei Sauerstoffatome gemeinsam (Fig. 71). Schreibweise: $[Si_3O_9]^{-6}$. Beispiel: Benitoit $BaTi[Si_3O_9]$.

Fig. 69.

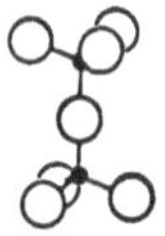

Fig. 70.

Fig. 71.

c) Ein Viererring (Fig. 72) entsteht durch Verknüpfung von vier Tetraedern. $[Si_4O_{12}]^{-8}$, wie z. B. Neptunit (ein seltenes pegmatitisches Mineral) $Na_2FeTi[Si_4O_{12}]$.

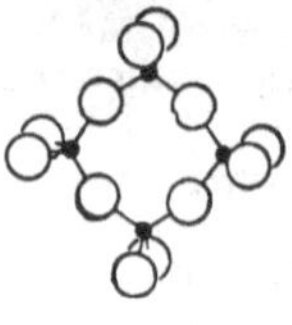

Fig. 72.

d) Von größerer Bedeutung sind die Sechser-Ringe (Fig. 73) mit $[Si_6O_{18}]^{-12}$, wobei als Beispiel Beryll $Be_3Al_2[Si_6O_{18}]$ allgemein bekannt ist.

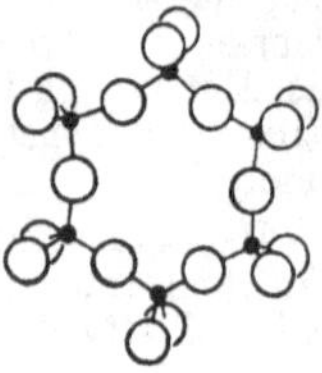

Fig. 73.

Die Silikate mit Dreierring (Fig. 71), Viererring (Fig. 72) und Sechserring (Fig. 73) können als „Cyklosilikate" angesprochen werden.

3. **Kettengitter.** Die Tetraeder sind so einandergereiht und je durch ein gemeinsames Sauerstoffatom miteinander verbunden, daß eine offene (unendliche) Kette (Fig. 74a) entsteht. Im Kristallgitter liegen beliebig viele, durch Kationen untereinander verbundene Ketten parallel zueinander. Der kettenförmige Aufbau erklärt manche physikalischen Eigenschaften dieser Silikate, z. B. die fehlende Spaltbarkeit nach der Basis, zu welcher die Ketten senkrecht stehen. Für ein Si-Ion liegen nur $2 + {}^2/_2 = 3$ Sauerstoffatome vor, wodurch sich der Typus $\infty\ [SiO_3]^{-2}$ ergibt. Schreibweise auch verdoppelt, also: $\infty\ [Si_2O_6]^{-4}$. Beispiele in erster Linie die Augite, wie Enstatit $Mg_2[Si_2O_6]$. Hier sei betont, daß an Stelle von Si auch Al treten kann (AlO_4); hierdurch ergibt sich aber jeweils eine negative Valenz mehr. Andererseits kann Al für Fe und Mg eintreten, also als Base. Dieses amphotere (beiderseitige) Auftreten von Al z. B. im Augit: (Ca, Na) (Mg, Fe, Al) $[(Si, Al)_2O_6]$.

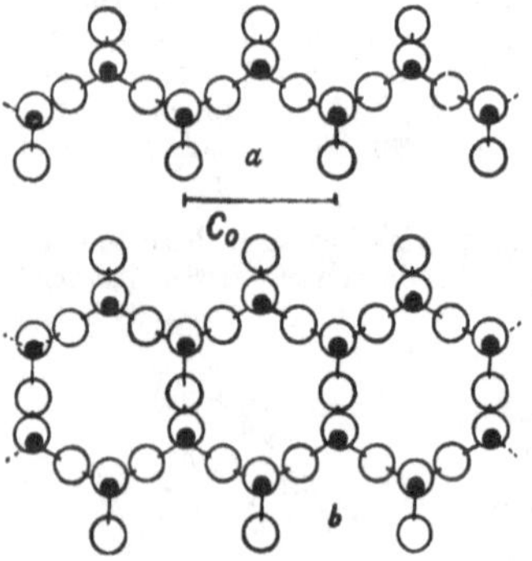

Fig. 74.

4. **Bandgitter** (Fig. 74b). Sie entstehen durch eine spiegelbildliche Vereinigung zweier Ketten. Bei unendlicher Erstreckung haben sie als Radikal $\infty\ [Si_4O_{11}]^{-6}$; dieses ist für alle Horn-

blenden kennzeichnend, z. B. für Tremolit $(OH, F)_2Ca_2Mg_5$ $[(Si, Al)_4O_{11}]_2$.

5. **Schichtgitter.** Diese entsprechen der Fig. 75, wobei sie eine unendliche Netzebene bilden: $\infty [Si_2O_5]^{-2}$. Jedes Si-Atom hat mit dem benachbarten drei Sauerstoffatome gemeinsam; in der Netzebene liegen nur Tetraederflächen, während in den Raum die Spitzen der Tetraeder mit der freien Valenz ragen. Meist werden zwei solcher Netze derart mit Kationen miteinander verbunden, daß die Spitzen zueinander gekehrt sind. Eine solche Schicht ist abgesättigt; zwischen zwei solche Schichten können aber Wassermoleküle in besonders lockerer Bindung zur Einlagerung kommen (Quellungswasser vieler silikatischer Tonmineralien). Das Schichtgitter ist äußerst häufig und wird in erster Linie bei hexagonalen und pseudohexagonalen, vollkommen nach der Basis spaltenden glimmerartigen Mineralien (Glimmer, Chlorit, Talk, Kaolin usw.) beobachtet. Talk $(OH)_2Mg_3[Si_4O_{10}]$.

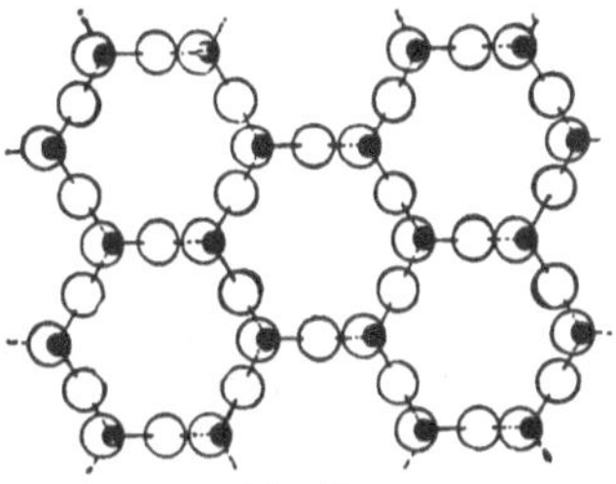

Fig. 75.

6. **Gerüstgitter.** Bei diesem Strukturtypus gehören alle Sauerstoffatome gleichzeitig zwei Tetraedern an; diese elektrostatische Absättigung kommt durch die Kennzeichnung $[SiO_2]^{\pm 0}$ zum Ausdruck.

Charakteristisch für diese Gitter (bei Quarz, Tridymit, Cristobalit) ist ein lockerer Bau, wobei die einzelnen Tetraeder sehr verschiedenartig angeordnet sein können (vgl. z. B. Fig. 76, Hochcristobalit). Von größter Bedeutung aber ist, daß Quarz und Feldspat (sowie die sog. Feldspatvertreter und Zeolithe) im gleichen Gitter wie Quarz kristallisieren, weil dargelegt werden kann, daß Quarz einem alkalifreien Feldspat entspricht. Diese zunächst eigenartig erscheinende Beziehung ergibt sich durch die schon erwähnte Vertretungsmöglichkeit von Si durch Al (vgl. S. 84). Für jedes Aluminiumatom, das in den Tetraederverband eintritt, muß

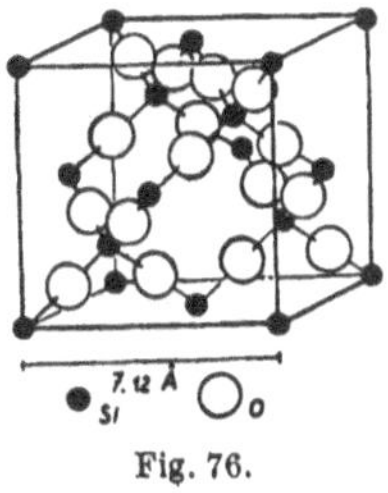

Fig. 76.

ein einwertiges Kation (Na, K, Rb usw.) zusätzlich eingebaut werden, damit wieder vier Valenzen (wie bei Si) vorliegen; bei einem Einbau von Al_2 können dann zweifach positive Atome (Ca, Sr, Ba usw.) ausgleichen. So ergibt sich z. B. folgende Ableitung:

Typus			Mineral
$[SiO_2]$			Quarz
$[Si_2O_4]$	mit Al	$Na[AlSiO_4]$	Nephelin
$[Si_3O_6]$	mit Al	$K[AlSi_2O_6]$	Leucit
$[Si_4O_8]$	mit Al	$K[AlSi_3O_8]$	Kalifeldspat (Orthoklas)
$[Si_4O_8]$	mit Al_2	$Ca[Al_2Si_2O_8]$	Kalkfeldspat (Anorthit)

Viele Silikate der Natur sind sehr wichtig, weil sie wesentliche Gemengteile verbreiteter Gesteine sind und daher an dem Aufbau der festen Erdkruste und der Ackerkrume erheblichen Anteil haben, andere, weil sie als Schmucksteine und Edelsteine, als feuerfeste Mineralien, als mineralische Rohstoffe für Keramik, Zement- und Glasindustrie usw. eine Verwendung finden; nur die wichtigsten können aber hier besprochen werden.

1. Orthosilikate

Silikate mit selbständigen (SiO_4)-Gruppen (Inselgitter; vgl. S. 83).

Phenakit, $Be_2[SiO_4]$, trigonal-rhomboedrisch (C_{3i}^2), ist in farblosen (auch gelblichen und blaßrötlichen), rhomboedrischen oder kurz-prismatischen Kristallen hydrothermal bis pneumatolytisch gebildet. Wird in Rußland (von den uralischen Smaragdgruben an der Takowaja) und in Nordamerika (von Topaz Butte u. a. O.) seiner Härte (H. = $7^1/_2$—8) und seines lebhaften Glanzes wegen als Edelstein geschliffen. D. = 3,0. Schöne Kristalle von der Spitzkopje in Südwestafrika.

Olivin (als Edelstein Peridot, seltener Chrysolith), $(Mg, Fe)_2[SiO_4]$, ist eine isomorphe Mischung von Forsterit, $Mg_2[SiO_4]$, und Fayalit, $Fe_2[SiO_4]$. Findet sich in rhombischen, oft flächenreichen Kristallen, häufiger aber in unregelmäßigen Körnern. Nicht selten die Ausbildung der Fig. 77 (n = Vertikalprisma, M = Querfläche, T = Längsfläche, d = Querprisma, k = Längsprisma, e = Bipyramide und oben die Basis). Olivgrün, durchsichtig oder durchscheinend, glasglänzend, nach (010) ziemlich deutlich spaltbar. Bruch meist uneben. H. = $6^1/_2$—7, D. = 3,2—4,2 (mit dem Eisengehalt zunehmend). Schmelzpunkt 1890° (Mg_2SiO_4), 1205° (Fe_2SiO_4). Nur eisenreiche Olivine v. d. L. schmelzbar. Von Salzsäure zersetzbar. Olivin verwittert meist zu Serpentin; große Pseudomorphosen von Serpentin nach Olivin z. B. bei Snarum in Norwegen.

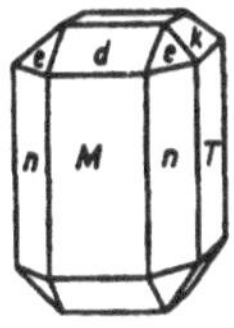

Fig. 77.

Olivin ist wesentlicher und vielverbreiteter Gemengteil in vielen Gabbros, Diabasen, Melaphyren und Basalten; vorwiegend in kleinen Kristallen (z. B. Forstberg bei Mayen in der Eifel) oder Körnern im Gestein bzw. in vulkanischen Sanden (Mosenberg in der Eifel); manchmal auch magmatische Ausscheidung (Olivinbomben!) in Basalten (Dreiser Weiher bei Daun in der Eifel, Finkenberg im Siebengebirge usw.) Peridotite und Olivinfelse (Dunite) sind reich an Olivin und verknüpft mit Chromit sowie gediegen Platin. Metamorph in Eklogiten. Auch in Meteoriten und Schlacken. Der durchsichtige, klare Olivin (Peridot), als Edelstein sehr geschätzt, kommt hauptsächlich von der Insel Seberget (St. Johns) im Roten Meer. Der forsteritreiche Olivin mancher Dunite wird zur Herstellung von feuerfestem Material verwendet.

Willemit, $Zn_2[SiO_4]$, trigonal-rhomboedrisch (C_{3i}^2). Kleine, meist prismatische Kriställchen, häufiger derb und in körnigen Aggregaten. Oft grünlichgelb. Fettglanz. H. = $5^1/_2$, D. = 4,0—4,2. V. d. L. Zinkbeschlag, mit Salzsäure gelatinierend. Wichtig als Zinkerz metamorpher Bildung in Franklin und Sterling Hill, New Jersey. Manganhaltig rosa gefärbt und Troostit genannt. Auch in der Oxydationszone von Zinkblende-Lagerstätten (z. B. Altenberg bei Aachen). Willemit ist u. a. in der Radioindustrie ein Detektormineral.

Andalusit-Topas-Staurolithgruppe

Al_2SiO_5 ist trimorph (als Andalusit, Disthen und Sillimanit). Chemische und strukturelle Beziehungen zu Topas und Staurolith.

Andalusit, $Al_2[O | SiO_4]$. Bildet rhombische, säulige Kristalle (D_{2h}^{12}), mit häufig (110) · (001), die durchsichtig und grün oder rötlich bzw. undurchsichtig und grau oder gelb sind. Glasglänzend. H. = $7^1/_2$, D. = 3,1—3,2. An der Oberfläche oft in hellen Glimmer umgewandelt. Charakteristisches metamorphes Mineral in Glimmerschiefern, Gneisen und im inneren Kontakthof von Graniten. Der in Tonschiefer eingewachsene Andalusit hat oft kohlige Teilchen eingeschlossen, die in Querschnitten als schwarzes Kreuz hervortreten; er heißt dann Chiastolith und wird als Amulett in manchen Ländern (Spanien, Frankreich) getragen. Andalusit findet sich auch auf Pegmatiten und Quarzgängen im Gneis (in Tirol, Andalusien usw.), Chiastolith z. B. bei Gefrees im Fichtelgebirge, in den französischen Pyrenäen und in der Bretagne u. a. O. Durchsichtige und oft stark dichroitische (grün und rot) Andalusitkörner aus Brasilien werden als Schmuckstein benutzt. Gelegentlich ist Andalusit keramischer Rohstoff, doch wird er auch für die Aluminiumgewinnung abgebaut.

Disthen (Kyanit), $Al_2[O \mid SiO_4]$, findet sich als metamorpher Gemengteil kristalliner Schiefer in einzelnen flachen Säulen und strahligen Aggregaten von blauer Farbe z. B. im Glimmerschiefer der Alpen (u. a. am Monte Campione in Tessin, bei Pfitsch und am Greiner in Tirol). Er ist triklin (C_i^1) und besitzt große Härteunterschiede (in der Vertikalrichtung 4—$4^1/_2$, quer dazu 6—7), D. = 3,6—3,7. Nach (100) vollkommen spaltbar, deutlich nach (010). (100) ist auch Translationsfläche mit der c-Achse als Gleitrichtung und daher oft gewellt. Vorkommen auch in Seifen. Mit Korund verwachsener Disthen (bei Assam in Indien) gibt wertvolles Rohmaterial für feuerfeste Steine. Der faserig in kristallinen Schiefern, feinstengelig, stark glänzend (Glanzspat) als Einschluß niederrheinischer Basalte vorkommende

Sillimanit ist gleichfalls chemisch Al_2SiO_5 und wie Andalusit rhombisch kristallisierend (D_{2h}^{16}); ein bemerkenswerter Unterschied gegenüber Andalusit besteht aber in der Struktur: die SiO_4-Gruppen bilden eine Kette in der Richtung der c-Achse, so daß ein den Pyroxenen ähnliches Kettengitter vorliegt (vgl. S. 84). H. = 6—7, D. = 3,2. Auch in

Pegmatiten und Quarzgängen. Von Mogok in Birma kommt Sillimanit in Edelsteinqualität.

Topas, $Al_2[F_2 | SiO_4]$, kristallisiert rhombisch (D_{2h}^{16}) und oft flächenreich (über 140 Formen bekannt!); die fast stets aufgewachsenen und darum meist nur an einem Ende ausgebildeten Kristalle sind häufig begrenzt von den Prismen (110) und (210), deren Flächen gestreift sind (Fig. 78), dann von Bipyramiden wie (111) und (112), der Basis (001) sowie Längsprismen, u. a. (021). Eine einfache Kombination ist in Fig. 79 abgebildet; sie entspricht zwei Vertikalprismen mit einer Bipyramide. Auch in größeren feldspatähnlichen Stücken. Farblos, hell- und dunkelgelb, grünlich oder bläulich; glasglänzend, durchsichtig oder durchscheinend. Spaltbar nach der Basis. H. = 8, D. = 3,5—3,6. V. d. L. unschmelzbar. Durch Erhitzung geht Topas in Sillimanit über.

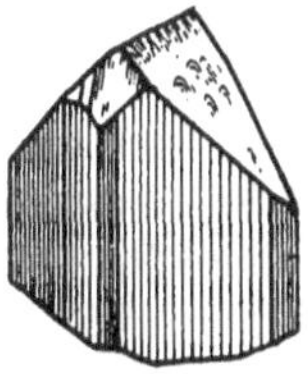

Fig. 78.

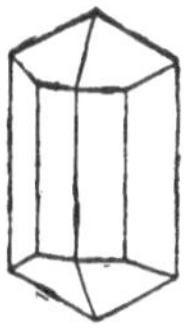

Fig. 79.

Topas ist ein typisches pneumatolytisches Mineral, vor allem in Pegmatiten der Zinnerzparagenese; sekundär auf Gold- und Edelsteinseifen. Bemerkenswerte Fundorte sind: Schneckenstein in Sachsen (hellweingelb), Brasilien (dunkelweingelb, farblos, blaugrün), Spitzkopje in Südwestafrika (schöne Kristalle!), bei Mursinka im Ural (meist bläulich) u. a. O. Die durchsichtigen Topase sind geschätzte Edelsteine; die wichtigsten Vorkommen liegen in Brasilien (im Nordosten von Minas Geraes); indes sind leider viele Steine, die im Handel Topas heißen, nur Quarz (Citrin, gebrannter Amethyst usw.). Am geringeren spezifischen Gewicht von 2,65 kann man sie leicht vom echten Topas, dem Edeltopas, unterscheiden.

Staurolith, $2Al_2SiO_5 \cdot Fe(OH_2)$. Flächenarme, aber meist gut idiomorphe kurzprismatische Kristalle rhombischer Symmetrie, eingewachsen oder ausgewittert lose. Häufig kreuzförmige Durchkreuzungszwillinge nach (032) (fast recht-

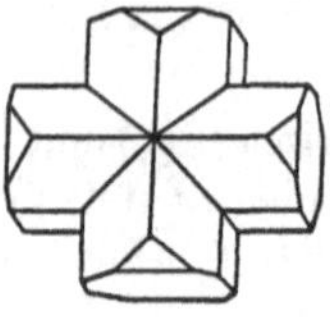

Fig. 80.

winkelig; Fig. 80) oder nach (232) (fast unter 60°). D_{2h}^{17}; gegenüber dem Disthengitter abwechselnd zwischengelagerte $Fe(OH)_2$-Schichten. Oft gesetzmäßig mit Disthen verwachsen. Spaltbarkeit deutlich nach (010). H. = 7—7½, D. = 3,7—3,8. Glasglanz. Typisches metamorphes Mineral kristalliner Schiefer zusammen mit Disthen oder Granat. Als Fundort sind z. B. Aschaffenburg in Bayern, Monte Campione in Tessin, Sterzing in Tirol erwähnenswert.

Granatgruppe

Die Mineralien der Granatgruppe sind isomorphe Mischungen, die nach ihrer Zusammensetzung und Farbe verschieden, in ihrer Form aber gleich sind. Als allgemeine Formel hat $R_3''R_2'''[SiO_4]_3$ Geltung; R'' kann Ca, Mg, Fe, Mn, R'''Al, Fe, Cr sein. Alle Granate kristallisieren regulär, besonders als Rhombendodekaeder (Granatoeder) oder in Kombinationen von diesem mit Ikositetraeder (Fig. 81) und 48-Flächner (Fig. 82). Raumgruppe O_h^{10}; die SiO_4-Tetraeder werden durch R^{3+}- und R^{2+}-Ionen verbunden. Die Farbe ist meist rot in verschiedenen Farbtönen, aber auch weiß, grün und schwarz. Durchsichtig bis undurchsichtig, glasglänzend. H. = 7—8. Das spezifische Gewicht ist verschieden, aber immer über 3,4.

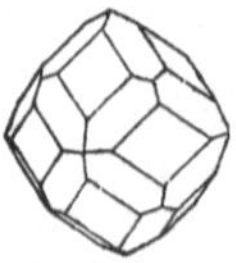

Fig. 81.

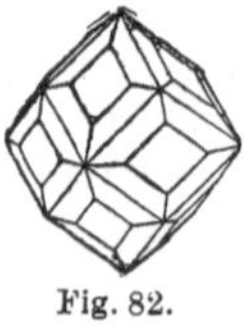

Fig. 82.

Die Granate sind typische metamorphe Mineralien und häufig gesteinsbildend; für einzelne Abarten sind Bildungsunterschiede beobachtbar. Häufig abgerollt auf Seifen und in Sanden. V. d. L. meist zu einem (oft magnetischen) Glase schmelzbar.

Die durchsichtigen Granate finden als Edelstein Verwendung; die früher fast ausschließlich geschliffenen roten Granate hießen Karfunkelstein. Man unterscheidet die folgenden wichtigsten Arten:

Pyrop (Magnesiatongranat), blutrot, rundliche Körner, in Serpentin eingewachsen (Meronitz bei Bilin) oder lose gefunden (bei Třiblitz und Podsedlitz) und geschliffen in Böhmen (Böhmischer Granat). Ähnlich ist der in Kimberlit und den Diamantseifen Südafrikas vorkommende, fälschlich Kaprubin genannte Granat und der Faschoda-Granat von Lindi in Ostafrika und anderer Fundorte. D. = ~3,5.

Almandin (Eisentongranat), bläulichrot, eingewachsen in Chlorit- und Glimmerschiefern sowie in Gneisen (z. B. im Riesengebirge, Erzgebirge, in den Alpen); in Diluvialgeschieben Norddeutschlands und in Seifen wie Ceylon. D. = ~4,2.

Grossular (Kalktongranat) ist Gemengteil der Kalksilikathornfelse (Auerbach an der Bergstraße, St. Andreasberg u. a. O.) und meist gelblichgrün; gelbrot ist der

Hessonit oder Kaneelstein (ebenfalls ein Kalktongranat), der schön kristallisiert mit Diopsid in den Südalpen (Alatal in Piemont), als Geschiebe in den Edelsteinseifen der Südprovinz Ceylons, auf Madagaskar usw. vorkommt; für den Edelsteinhandel nur von geringer Bedeutung. D. ~ 3,5.

Demantoid, ein Glied der Andradite (Kalkeisengranate), smaragdgrün bis gelblichgrün, wird als Schmuckstein geschliffen (auf Goldseifen von Nischne Tagilsk). D. ~ 3,7.

Spessartin (Mangantongranat), gelb oder rotbraun, mit Fundorten Aschaffenburg im Spessart, Ilfeld usw., ist Gemengteil von Graniten, Porphyriten und Pegmatiten, aber auch metamorpher Bildung. D. = ~4,2.

Melanit (ein titanhaltiger Kalkeisengranat), der sich in vulkanischen Gesteinen, z. B. am Perlenkopf in der Eifel, im Kaiserstuhl usw. findet, ist grauschwarz bis samtschwarz und wird gelegentlich zu Trauerschmuck verwendet. D. = 3,8 bis 4,1.

Uwarowit (Chromgranat), dunkelsmaragdgrün und glasglänzend, wird auf Klüften von Chromeisenstein, in chromitführenden Serpentinen (vor allem am Ural, spärlich Jordansmühl in Schlesien usw.) beobachtet. D. = 3,4. Selten als Edelstein verwendet, Kristalle meist zu klein.

Epidot-Zoisitgruppe

Kalktonerdesilikate der allgemeinen Formel $(OH)Ca_2Al_3Si_3O_{12}$. Das reine Tonerdesilikat, Zoisit entsprechend, ist rhombisch; wenn eine wesentliche Vertretung von Al durch Fe erfolgt, monoklin, wie Epidot und Orthit. Kristalle oft nach der b-Achse gestreckt.

Epidot (Pistacit), $Ca_2(Al, Fe)_3[OH \mid (SiO_4)_3]$, monoklin ($C_{2h}^2$). Hauptzone (nach der b-Achse) meist flächenreich (Fig. 83) und gerieft, auch stengelige Gebilde in Bündeln und Büscheln. Zwillinge nach (100) häufig. Dunkelgelbgrün (pistaziengrün), glasglänzend, durchsichtig oder durchscheinend. H. = 6—7, D. = 3,3—3,5. Charakteristisches Kontakt- und metamorphes Mineral, weitverbreitet als thermales Zersetzungsprodukt auf den alpinen Zerrklüften. Die schönsten Kristalle kommen von der Knappenwand im Untersulzbachtal (im Pinzgau). Auch in Sanden.

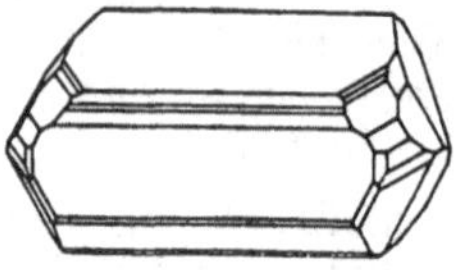

Fig. 83.

Die selteneren, eisenarmen Mischungsglieder des Epidots heißen Klinozoisit.

Orthit (Cer-Epidot), $(Ca, Ce, La, Na)_2 (Al, Fe, Mg, Mn)_3$-$[OH \mid (SiO_4)_3]$, epidotähnlich; das häufigste Mineral mit einem Gehalt an seltenen Erden. Meist eingesprengte rundliche Körner. Pechschwarz. Radioaktiv. H. = $5^1/_2$, D. = 3 bis 4,2 (im isotropisierten Zustand bis 2,50). Akzessorischer Gemengteil von Gneisen, saurer Tiefengesteine (in Granitgängen bei Weinheim, im Syenit von Plauen) und von Pegmatiten (Schreiberhau, Arendal, Ytterby usw.); auch in Laacher See-Auswürflingen. Rohstoff für Cer, das u. a. zu Stählen, Gasglühlichtstrümpfen, Blauglas und Fluoreszenzgläsern benutzt wird (vgl. Monazitsande).

Zoisit, $Ca_2Al_3[OH \mid (SiO_4)_3]$ ist rhombisch (D_{2h}^{16}). Ein metamorphes Mineral; findet sich in kristallinen Schiefern (wie Amphiboliten, Eklogiten) sowie in kontaktmetamorphen Kalksilikatgesteinen; seltener auf bestimmten Eisen- und

Kupfererzlagerstätten. Gewöhnlich in breitstengeligen, quer gestreiften Stücken, spätig und stengelig. H. = 6, D. = 3,23 bis 3,38. Meist trüb und undurchsichtig bei aschgrauer Farbe; rosenroter Zoisit (z. B. Traversella) wird als Thulit bezeichnet. Fundorte u. a. Gefrees im Fichtelgebirge, Saualpe in Kärnten, Zermatt in Wallis usw.

Lievrit, $CaFe_2''Fe'''[OH|(SiO_4)_2]$, rhombisch ($D_{2h}^{10}$), ist ein Kontaktmineral und Produkt der Kontaktpneumatolyse, schwarz, undurchsichtig, glasglänzend (frisch). H. = $5^1/_2$—6, D. = 4,1. Schöne Kristalle von Seriphos in Griechenland, pseudomorphosierte von Tiefengrün an der Saale. Auch in Kupferberg (Schlesien), Herbornseelbach (Nassau) usw.

Zirkon, $ZrSiO_4$, tetragonale Kristalle, begrenzt von Prisma und Bipyramiden gleicher (Fig. 84) und verschiedener (Fig. 85) Stellung, dazu öfters eine achtseitige Doppel-

Fig. 84.

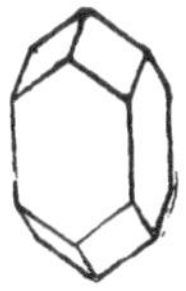

Fig. 85.

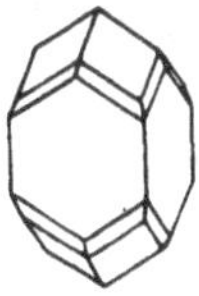

Fig. 86.

pyramide (Fig. 86). Gewöhnlich braun und braunrot, seltener gelb, grau, grün und farblos. Durchsichtig bis undurchsichtig, diamantglänzend. Hart (H. = $7^1/_2$); D. = 4,7, sie fällt aber je nach dem Grad der Isotropisierung — Zirkon ist Thoriumhaltig und damit radioaktiv — bis 4,0. Auch die optischen Eigenschaften (vgl. Tab.) sehr variierend.

Zirkon ist Gemengteil magmatischer Gesteine; größere Kristalle in pegmatitischen Nephelinsyeniten (Zirkonsyeniten) z. B. Südnorwegens, im Ural usw.; dann in Basalten (Niedermendig, Siebengebirge), Sanidinit-Auswürflingen des Laacher Sees; aufgewachsen auf Klüften des Chloritschiefers von Pfitsch. In Zirkonseifen und -sanden (Mongka in Hinterindien, Ceylon und Tasmanien). Der durchsichtige, gelbrote (hyazinthrote) Zirkon heißt Hyazinth und ist, wie alle durchsichtigen Zirkone, ein geschätzter, durch lebhaftes Feuer ausgezeichneter Edelstein; er läßt sich durch Erhitzen leicht entfärben, nimmt aber nach Radiumbestrahlung bald wieder seine ursprüngliche Farbe an. Brauner Zirkon von Mongka wird durch „Brennen" farblos oder blau (Siamesischer Zirkon); letzterer ist durch seine intensiv blaue Farbe und hohe Lichtbrechung der wirkungsvollste blaue Edelstein. Die farblosen und farblos gebrannten Zirkone sind sehr diamantähnlich (fälschlicherweise „Maturadiamant" bezeichnet). — Zirkon dient zur Gewinnung von feuerfestem ZrO_2, zur Herstellung von Zirkonsulfat (für Gerberei und Färberei), von Ferrozirkon, für Zapfenlager usw. Zr-Metall als Moderator in der Uranbatterie.

Titanit (Sphen), $CaTi[O \mid SiO_4]$, monoklin-holoedrisch (C_{2h}^6); flache, spitzwinkelige (briefkuvertförmige) einfache Kristalle (Fig. 87 und 88) und Zwillinge, die gelb, braun oder grün gefärbt sind. Die Kristalle haben lebhaften Glasglanz

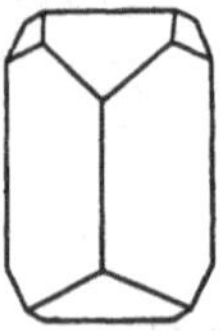

Fig. 87

Fig. 88.

und sind in allen Graden durchsichtig. H. = 5—5$^1/_2$, D. = 3,4—3,6. Gemengteil vieler Eruptivgesteine (im Syenit von Plauen), meist in der Briefkuvertform, dann Gemengteil kristalliner Schiefer, vieler Laacher See-Sanidinite und metamorpher Kalke. Aufgewachsene Kristalle in den Alpen mit Bergkristall, Epidot, Adular und Chlorit auf Klüften. Mit dem Apatiterz von Yksporr in Kola ein ziemlich reines Titanitgestein auftretend, das als Titanerz abgebaut wurde.

Axinit, $Ca_2(Fe, Mg, Mn)Al_2BH[SiO_4]_4$, triklin ($C_i$), scharfkantige, keilförmige Kristalle, braun, durchsichtig, glasglänzend. In dickeren Platten ein deutlicher Pleochroismus. H. = 6$^1/_2$—7, D. = 3,3. V. d. L. leicht zu dunkelgrüner Perle schmelzbar. Pneumatolytisches Kontaktmineral, selten auf Erzgängen (z. B. auf Bleierzgängen von Petsamo); in kontaktmetasomatischen Magnetitvorkommen (Schwarzenberg in Sachsen). Hydrothermal auf Klüften kristalliner Schiefer (z. B. Scopi, Schweiz), in Drusen (Striegau in Schlesien), auf Gangtrümern im Diabas (Harz).

2. Gruppensilikate

Silikate mit SiO_4-Gruppen (SiO_4-Gruppenstrukturen; vgl. S. 83).

Kieselzinkerz (Hemimorphit, Kieselgalmei), $H_2Zn_2SiO_5$, kristallisiert rhombisch in kleinen farblosen, glasglänzenden, hemimorphen Kristallen (C_{2v}^{20}), wie z. B. Fig. 89 (Vertikalprisma mit großer Längsfläche und oben zwei zweiflächige Querprismen, ein zweiflächiges Längsprisma und Basis, unten eine Pyramide). Ergänzungszwillinge nach der Basis. Meist derb in faserigen und dichten Aggregaten mit nierenförmiger Oberfläche und dann trüb, weiß, gelb, grau. Nach (110) vollkommen spaltbar. H. = 5, D. = 3,3—3,5. Findet sich als metasomatisches Mineral bei Aachen, in Kärnten (Bleiberg), Raibl u. a. O. Bildet mit dem häufigeren Zinkspat das als Galmei bezeichnete Erz; wird auf Zink verhüttet.

Fig. 89.

Vesuvian (Idokras), $Ca_{10}Al_4(Mg, Fe)_2[(OH)_4 \mid (SiO_4)_5(Si_2O_7)_2]$, bildet ausgezeichnete tetragonale Kristalle, dick- und kurzsäulig, meist parallel der Prismenzone gestreift. Häufige Kombination: Prisma und Bipyramide erster Stellung mit Prisma zweiter Stellung und kleiner Basis; oft sehr flächenreich. Auch derb und körnig (sog. Kolophonit von Arendal). D_{4h}^4. Braun und grün, durchsichtig oder durchscheinend, glasglänzend. H. = $6^1/_2$, D. = 3,27—3,45. Vorwiegend an Kalksteine gebundenes Kontakt- und metamorphes Mineral; schöne Kristalle kommen vom Vesuv, von Monzoni bei Predazzo, Auerbach an der Bergstraße, aus dem Banat (Ciklowa, Dognaczka) usw. Auf Klüften der kristallinen Schiefer in den Alpen, in Skandinavien und im Ural.

Prehnit, $H_2Ca_2Al_2(SiO_4)_3$, rhombisch-hemimorph (C_{2v}^4). Kristalle tafelig nach der Basis, auch prismatisch nach (110); oft gekrümmt und zu fächer- oder kugelförmigen Aggregaten vereinigt. Glasglänzend, gelbgrün, durchscheinend. H. = 6 bis 6½, D. = 2,8—3,0. Im Aussehen und Vorkommen wie Zeolithe (S. 117). Hydrothermal bis hydrisch in Blasenräumen und Klüften basischer Eruptivgesteine (z. B. im Melaphyr bei Oberstein) und kristalliner Schiefer; gesteinsbildend in Diabasen (von Nassau), im Trapp (New Jersey). Mit Zeolithen und ged. Kupfer am Oberen See.

3. Ringsilikate (Cyklosilikate)

Silikate, bei welchen die SiO_4-Tetraeder zu Ringen verknüpft sind (vgl. S. 83).

Benitoit, $BaTi[Si_3O_9]$, hexagonal (ditrigonal-bipyramidal; D_{3h}^2; einziger bekannter Vertreter dieser Klasse!). In bipyramidalen Kristallen von blauer Farbe, eingewachsen im Natrolith vom Mt. Diablo im San Benito County, Californien. Geschätzter Edelstein. H. = 6½, D. = 3,65.

Wollastonit, $CaSiO_3$. Ist erwähnenswert als typisches Kontaktmineral in Kalken (Auerbach an der Bergstraße, Cziklowa im Banat usw.). Gelegentlich in kristallinen Schiefern (z. B. Gengenbach im Schwarzwald). Triklin (pseudomonoklin). Kristalle, meist eingewachsen, nach der b-Achse gestreckt. Oft nach (100) verzwillingt. Weiß, glasglänzend, in Aggregaten seidig. H. = 4½—5, D. = 2,8—2,9. V. d. L. schwer schmelzbar, von Säuren unter Gelatinieren zersetzt. Verwendung u. a. zu Schweißstäben und in der Keramik.

Rhodonit, $MnSiO_3$, triklin (C_i), meist derb, mit prismatischer Spaltbarkeit. Dunkelrosenrot bis bläulichrot. Undurchsichtig bis durchscheinend. H. = 5½—6½, D. = 3,5—3,7. Vorkommen metamorph in Schiefern (Wermland in Schweden), kontaktmetasomatisch (Broken Hill in Neusüdwales); auch auf epithermalen Erzgängen (Kapnik u. a.). Wird zu kunstgewerblichen Gegenständen, Ketten und Anhängern verschliffen.

Turmalin, ein sehr wechselnd zusammengesetztes, borhaltiges Tonerdesilikat der allgemeinen Formel $XY_9(OH, F)_4$ $[B_3Si_6O_{27}]$; die Gruppe XY hat 25 Wertigkeiten. X = Na' oder Ca'', Y = Al, Mg, Fe'', Fe''', Ti''', Cr''' u. a. Dadurch verschiedene Abarten, wie Alkali-, Tonerde-, Magnesia-Tonerde-, Eisenturmalin usw. Turmalin kristallisiert trigonal und ist hemimorph (C_{3v}^5). Der in Fig. 90 abgebildete Kristall ist begrenzt von einem drei- und einem sechsseitigen Prisma, oben und unten von je zwei Rhomboedern, die aber am oberen Ende steiler sind als am unteren. Gedrungen bis nadelig und gestreift nach der Vertikalachse. Auch derb sowie in radialstrahligen Aggregaten (Turmalinsonnen) und lose in Sanden. Durchsichtig bis undurchsichtig, verschieden gefärbt, farblos, rot, grün, braun und schwarz (Schörl); Farbverteilung oft zonar angeordnet (roter Kern mit grüner Hülle) oder in der Längserstreckung verschieden; z. B. helle Kristalle mit dunklem Ende (Mohrenköpfe) oder andere, die an einem Ende rot, am anderen grün oder farblos sind. Die durchsichtigen Turmaline sind stark dichroitisch. Glasglanz. Durch Erhitzen oder Abkühlen werden die Turmaline stark polarelektrisch, was durch Bestäuben mit einem Gemisch von Schwefel- und Mennigepulver leicht nachweisbar ist (Pyroelektrizität). H. = 7, D. = 3,0—3,2. V. d. L. leicht bis schwer schmelzbar. Säuren greifen Turmalin erst nach dem Glühen an.

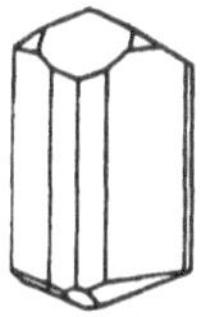

Fig. 90.

Turmalin ist nach seiner kennzeichnenden pneumatolytischen Bildung ein ausgesprochenes Pegmatitmineral, doch auch in Graniten und als Kontaktmineral in deren Nebengesteinen. Häufig auf Erzgängen, in Drusen, auf alpinen Zerrklüften und in Seifen. Viele und beachtenswerte Fundorte: im Granit des Brockens (Harz), von Eibenstock (Sachsen), auf Elba usw. Durchsichtige und schön gefärbte Turmaline sind Edelsteine; ihre mannigfaltige, bald zarte, bald satte Färbung zeichnet sie vor vielen anderen Schmucksteinen aus. Hauptlieferant ist Brasilien (Osten von Minas Geraes); auch die USA ist reich an Turmalinen, dann Madagaskar sowie früher Südwestafrika (Usakos). Wichtige Fundorte auch im Ural. Intensiv gefärbte Turmaline kamen als Turmalinzangen (Polarisationsvorrichtungen) zur Verwendung.

Beryll, $Be_3Al_2Si_6O_{18}$. Die hexagonalen Kristalle, z. T. sehr groß, sind häufig begrenzt von Prisma, Bipyramiden erster und zweiter Stellung, dihexagonalen Bipyramiden und der Basis (vgl. Fig. 91). Auch stengelige Aggregate sowie abgerollt in Seifen. Gitter: D_{6h}^2; die Sechserringe liegen vertikal übereinander, so daß weite hohle Kanäle entstehen; Al und Be liegen zwischen den Ringen, wobei Al von je 6, Be von je 4 O-Atomen umgeben ist. Durchsichtig bis durchscheinend, mit Glasglanz. H. = $7^1/_2$—8, D. = 2,63—2,80. Farblos, aber meist gefärbt. Nach der Farbe und Durchsichtigkeit werden unterschieden: Gemeiner Beryll, gelblichweiß bis grünlich, trübe bis durchscheinend, oft in großen Kristallen (meist nur Prisma und Basis); einzelne Riesenkristalle, z. B. von Keystone in Süddakota (bei 9 m Länge 61 t) und von Picui, Brasilien (200 t!); meist eingewachsen in Quarz und Feldspat, seltener auf Klüften und Drusen (z. B. Schlaggenwald, Ehrenfriedersdorf, Cornwall usw.). Dient zur Gewinnung des Leichtmetalls Beryllium und des feuerfesten BeO. — Aquamarin, meergrün, blaugrün bis blau, gehört, wie die folgenden Abarten, zu „Edelberyll“, d. h. er ist von Edelsteinqualität. Vorkommen auf Klüften und Drusen im Granit und in Pegmatiten sowie deren Seifen; wichtig die Fundorte in Brasilien (Minas Geraes); bei Marambaia wurde u. a. ein Stein von $48^1/_2$ cm Länge und 41 cm Dicke mit $110^1/_2$ kg gefunden. Bedeutung haben auch Madagaskar, während die Uralvorkommen zurücktreten. Rosaberyll findet sich z. B. in Drusenräumen des Granits von Elba, Pala in Kalifornien und Madagaskar. Smaragd, der geschätzteste unter den Edelberyllen, ist durch Chrom schön grasgrün, oft rissig; kommt besonders von Muzo und Chivor in Columbien; eingewachsen in Glimmerschiefer an der Takowaja im Ural, im Salzburgischen

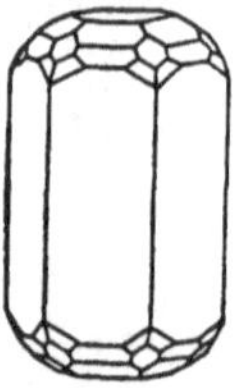

Fig. 91.

(Habachtal) usw. Die synthetische Darstellung von Smaragd ist 1935 der I.G.-Farbenindustrie (als Igmerald bezeichnet) gelungen; seit 1942 in einer für Schmuckzwecke brauchbaren Größe, Farbe und Klarheit vom Chemiker Chatham (San Franzisko) auf den Markt gebracht. Weniger wertvoll ist Goldberyll (gelb) und der farblose Beryll. Manche Arten von gelblichgrünem Aquamarin erhalten durch Brennen die geschätztere blaue Farbe.

Cordierit (Dichroit), $Mg_2Al_4Si_5O_{18}$, rhombisch (D_{2h}^{17}) meist Körner im Gneis (Cordieritgneis), in Granitpegmatiten (die tonerdereiche Gesteine durchsetzen) und u. a. in Laacher See-Auswürflingen. Bläulich, glasglänzend, in dicken Stücken deutlich trichroitisch (blau, violett und gelb). H. = 7—7½, D. = 2,6. Fettiger Glasglanz. Klare Stücke aus Ceylon und Madagaskar (im Handel Luchssaphir oder Wassersaphir) werden als Edelstein verwertet.

Dioptas, $Cu_6[Si_6O_{18}] \cdot 6H_2O$, trigonal-rhomboedrisch (C_{3i}^2). Smaragdgrüne, in Drusen aufgewachsene Kristalle in säuliger Ausbildung mit dem Rhomboeder dritter Stellung. Glasglanz. Nach dem Rhomboeder ($10\bar{1}1$) vollkommen spaltbar. Hydrothermal bis hydrisch im Hut von Kupfererzen. Prächtige Stufen von Guchab im Otavigebiet. Schmuckstein, aber zu weich (H. = 5), D. = 3,3.

Chrysokoll (Kieselkupfer), $CuSiO_3 \cdot nH_2O$, gealtertes Gel, nierig, traubig, in Krusten, erdig. Grün oder blau, durchsichtig bis durchscheinend. In der Oxydationszone von Kupferlagerstätten (im Ural, in Chile usw.). Lokal ein Kupfererz (z. B. bei Clifton-Morenci in Arizona). Chrysokoll wird gelegentlich als Schmuckstein geschliffen.

4. Kettensilikate

Silikate mit (SiO_4)-Tetraedern in „unendlichen Ketten" (Kettengitter; vgl. S. 84).

Sillimanit, Al_2SiO_5 (vgl. S. 88).

Augit- oder Pyroxengruppe

Zu dieser Gruppe gehören rhombische, monokline und trikline Mineralien, die chemisch meist einfachen Metasilikaten zweiwertiger Elemente entsprechen, und nach einem nahezu rechtwinkeligen Prisma (87°) spaltbar sind. Sie zählen zu den wichtigsten gesteinsbildenden Mineralien, vor allem magmatischer Gesteine, doch auch kristalliner Schiefer sowie bestimmter Kontaktzonen. Am wichtigsten sind die monoklinen Glieder, besonders der eigentliche Augit.

Augit, $CaMgSi_2O_6$, mit Al und Fe. Kristallisiert monoklin (C_{2h}^6). Gewöhnlich kurzsäulige Kristalle mit achtseitigem Umriß, begrenzt vom Prisma, der Längsfläche, Querfläche und einem Längsprisma oder einer Pyramide (111) (vgl. Fig. 92; der Kristall ist von rückwärts gezeichnet!). Zwillinge, nach der Querfläche verwachsen (Fig. 93), sind häufig, aber auch Durchkreuzungszwillinge nach (101). Spaltbarkeit nach dem Prisma (110) wechselnd deutlich. Durchscheinend, meist aber undurchsichtig. Dunkelgrün oder dunkelbraun, fast schwarz. H. = 6, D. = 3,3—3,5. Opt. Eigenschaften in der Tab. V. d. L. zu schwarzem, oft magnetischem Glase schmelzbar.

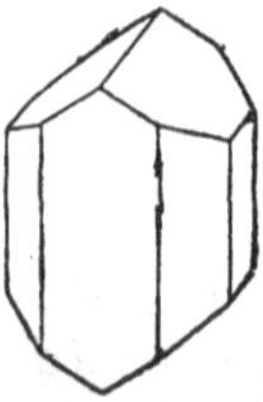

Fig. 92.

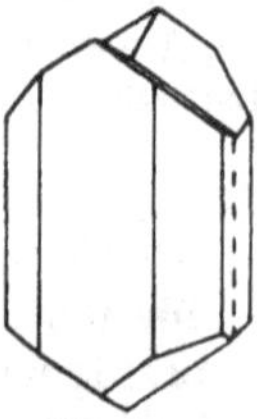

Fig. 93.

Unterschieden werden: Gemeiner Augit (mehr Fe_2O_3 als Al_2O_3), Farbe schwarz, in Eruptivgesteinen, in Pyroxeniten und Pyroxenfelsen. — Basaltischer Augit, in vielen jüngeren Ergußgesteinen, vor allem in Basalten, Melaphyren, Diabasen usw. Ringsum ausgebildete Kristalle werden bisweilen von Vulkanen (Ätna, Vesuv) ausgeworfen und finden sich in vulkanischen Tuffen (Eifel, Laacher See, Rhön, Böhmen). — Fassait, grün, auf Klüften von Kontaktgesteinen, eingewachsen in körnigem Kalk (Fassatal, Somma u. a. O.).

Weitere monokline Glieder der Pyroxengruppe sind u. a.:

Diopsid, $CaMgSi_2O_6$, von Granat und Chlorit begleitet, u. a. auf alpinen Klüften (z. B. Mussaalp im Alatal), in metamorphen Karbonatgesteinen. Der durch seine Absonderung nach (100) gekennzeichnete, braune bis grünlichgraue, metallisch schimmernde

Diallag ist wesentlicher Gemengteil von Tiefengesteinen, wie Gabbros (Harzburg u. a.), Peridotiten und Pyroxeniten.

Unter den Alkalipyroxenen tritt der

Aegirin (Akmit), $NaFeSi_2O_6$, als charakteristischer Gemengteil alkalischer Eruptivgesteine und ihrer Pegmatite auf. Vorwiegend langprismatisch oder linealförmig mit oft spitzen Begrenzungen (durch steile Pyramiden). Schwarz ins Grünliche oder Bräunliche. Undurchsichtig bis kantendurchscheinend. D. = 3,5. Als Aegirinaugit werden die isomorphen Mischungen zwischen Aegirin und Augit angesprochen. Als Edelstein geschätzt ist der

Spodumen, $LiAlSi_2O_6$, der violett oder rosafarben Kunzit, grün Hiddenit genannt wird; Vorkommen in pegmatitischer Bildung im Pala-Distrikt und San Diego County (USA), Antsirabé (Madagaskar), Varuträsk (Schweden) usw. Spodumene haben eine sehr vollkommene Spaltbarkeit nach dem Prisma. H. = $6^1/_2$—7, D. = 3,1—3,2. V. d. L. leicht schmelzbar, Flamme vorübergehend rotfärbend. Wichtiger Rohstoff zur Darstellung von Li-Salzen.

Jadeit, $NaAlSi_2O_6$, dem Nephrit ähnlich, ist ein derb bis dicht erscheinendes, mikrokristallin körniges bis faserig verfilztes Aggregat, ungewöhnlich zäh, weiß und grünlich, oft geadert. Wird besonders in Oberbirma gewonnen und vor allem in China zu kostbaren Ziergegenständen und kunstvollen Bildwerken verarbeitet. Jadeit ist, wie Nephrit, Material der Steinzeit. H. = $6^1/_2$, D. = 3,2—3,3.

Rhombische Glieder der Pyroxengruppe sind:

Enstatit, $MgSiO_3$, mit 0—5 % FeO, meist derb, grauweiß, grünlich, bräunlich. Gemengteil basischer Tiefengesteine; pegmatitisch in den Apatitgängen von Kragerö (bis $^1/_2$ m lang); D^{15}_{2h}.

Bronzit, $(Fe, Mg)SiO_3$, mit 5—15 % FeO, hat eine deutliche faserige Absonderung nach (100) und schillert oft bronzefarbig.

Hypersthen, $(Fe, Mg)SiO_3$, mit 15, ausnahmsweise bis 46 % FeO, meist derb, in Spaltstücken und körnig-blättrigen

Aggregaten. Pechschwarz, braunschwarz, häufig metallischer Schiller auf (100).

Kennzeichnend für Hypersthen ist das Vorkommen der Paulinsel auf Labrador, für Bronzit z. B. Kraubath in Steiermark (Bronzitfels).

Ein triklines Glied der Augitreihe heißt Rhodonit (vgl. S. 96).

5. Bandsilikate

Silikate mit (SiO_4)-Tetraedern in Doppelketten (Bandgitter; vgl. S. 84).

Amphibol- oder Hornblendegruppe

Mineralien dieser Gruppe enthalten dieselben chemischen Bestandteile wie die Augite, ohne jedoch der Metasilikatformel zu entsprechen. Als allgemeine Formel hat Geltung: $(OH, F)_2X_2Y_5Z_8O_{22}$ mit X = Ca, Na, K, aber auch Mn'', F'', Mg; Y = Mg, Fe'', Fe''', Al, Mn, Ti'''; Z = in erster Linie Si, Al. Für die meisten Zwecke entsprechen aber die Metasilikatformeln hinreichend genau der Zusammensetzung. Nach der Symmetrie werden monokline und rhombische Hornblenden unterschieden.

Die Unterschiede zwischen Hornblende und Augit liegen in der Spaltbarkeit, die bei Hornblende vollkommener ist; der Winkel des Spaltungsprismas ist bei der Hornblende stumpf (124°), bei Augit fast ein rechter (87°); der Querschnitt durch Hornblenden ist sechsseitig, durch Augite achteckig. Bei Augitzwillingen treten an einem Ende scharf einspringende Winkel auf, bei Hornblendezwillingen fehlen diese.

Unter den monoklinen Hornblenden (C^3_{2h}) sind als Glieder der sog. Strahlsteingruppe von Bedeutung:

Tremolit (Grammatit), $Ca_2Mg_5(OH, F)_2Si_8O_{22}$, im wesentlichen das reine Kalk-Magnesia-Silikat; weiß, grau, grünlich. Stengelig und strahlig eingewachsen in metamorphen Kalken (Campolungo im Tessin), kristallinen Schiefern, Talkschiefern usw.

Aktinolith (Strahlstein i. e. S.), chemisch wie Tremolit, aber mit größeren Mengen von FeO; dunkelgrün, breitstengelig bis faserig eingewachsen in Talk- und Chloritschiefern (wie Zillertal) sowie in Aktinolithschiefern. Parallelfaserige Aggregate als Hornblendeasbest in der Technik verwendet und zu unverbrennbaren Geweben verarbeitet (Bergflachs), wenn auch der biegsamere und festere Serpentinasbest vorgezogen wird. Ein dichter, verworren-faseriger und verfilzter Strahlstein von grüner Farbe ist der Nephrit; er wurde in vorhistorischen Zeiten als Werkzeug und Waffe benutzt und findet sich besonders in der Kwen-Lun-Kette Chinas, dann auf Neuseeland (lagen- und nesterförmige Einlagerungen in Serpentin), aber auch knollen- und gangartig in Schlesien (Jordansmühl), im Harz, in den Alpen, im ligurischen Apennin usw.

Unter den Al_2O_3- und Fe_2O_3-haltigen Amphibolen ist von besonderer Bedeutung die

Hornblende. Ein- und aufgewachsene Kristalle flächenarm; meist begrenzt vom Prisma, der Längsfläche, einer Pyramide und der Basis (Fig. 94). Zwillinge nach der Querfläche sehen wie hemimorphe Kristalle aus; sie haben an einem Ende vier, am anderen nur zwei Flächen. Die Spaltflächen, unter einem Winkel von 124° liegend, sind lebhaft glänzend. Grün- bis rabenschwarz. V. d. L. schmelzen die eisenreichen Abarten leicht zu einer magnetischen Perle. H. = 5—6, D. = 2,9—3,4. Die Hornblenden sind wesentliche und wichtige Gesteinsgemengteile. Die sogenannte gemeine Hornblende, reich an Eisen (wesentlich als FeO) und meist schwarz mit Stich ins Grünliche, ist vor allem körniger Bestandteil von sauren Tiefengesteinen und von kristallinen Schiefern; die basaltische Hornblende dagegen, reich an Fe_2O_3, tritt in jüngeren Ergußgesteinen, wie Basalten, Basalttuffen, Andesiten (z. B. im Siebengebirge), Trachyten usw. auf, doch auch in Ganggesteinen und manchen Alkalitiefengesteinen.

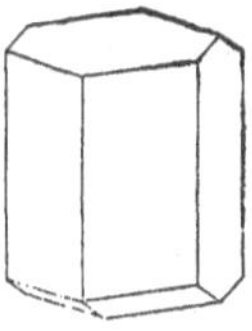

Fig. 94.

Unter den zahlreichen Alkali-Hornblenden sind erwähnenswert: der blaugraue Glaukophan [im wesentlichen $Na_2Mg_3Al_2(OH)_2Si_8O_{22}$], der tiefblauschwarze Arfvedsonit vorwiegend $Na_3Fe''_4Al(OH)_2Si_8O_{22}$] und der turmalinähnliche

Riebeckit [vor allem $Na_2Fe^{\cdots}_4(OH)_2Si_8O_{22}$]; der erstere in kristallinen Schiefern (u. a. Glaukophanschiefern), die letzteren in Alkali-Ergußgesteinen, z. B. in Eläolithsyeniten. Krokydolith ist Riebeckitasbest und wird, oft weitgehend verkieselt, als Tigerauge (vgl. S. 49) für Schmuckzwecke geschliffen.

Eine rhombische Hornblende ist der Anthophyllit, $(MgFe)_7(OH)_2Si_8O_{22}$, gebunden an kristalline Schiefer; nur derb in breitstengeligen, faserigen bis asbestartigen Aggregaten; nelkenbraun.

6. Netzsilikate

Silikate mit (SiO_4)-Tetraedern in ebenen Netzen bzw. Schichten (Schichtengitter; vgl. S. 85). Die Netzebene ist stets die Richtung einer vollkommenen Spaltbarkeit nach der Basis. Kristallsystem meistens monoklin, aber pseudohexagonal; selten tetragonal.

Talk, $Mg_6(OH)_4[Si_8O_{20}]$. Monoklin, stets schuppig, blättrig und manchmal mit hexagonalen Umrissen. Nach der Basis sehr vollkommen spaltbar, biegsam, fettig anzufühlen. H. = 1, D. = 2,7—2,8. Weiß oder hellgrün; perlmutterglänzend. Dünne Spaltblättchen sind durchsichtig. V. d. L. unschmelzbar, blättert sich auf, leuchtet stark und erlangt dabei die H. = 6. Talk findet sich in kristallinen Schiefern (Talk- bzw. Talkchloritschiefern) z. B. in den Alpen. Meist sekundär aus tonerdefreien Silikaten (wie Olivin, Enstatit u. a.), doch auch hydrothermal sowie metasomatisch aus Dolomit, z. B. bei Göpfersgrün im Fichtelgebirge; andere erwähnenswerte Fundorte in Deutschland sind Schwarzenbach an der Saale und Erbendorf (Oberpfalz).

Weißer, dichter Talk heißt Speckstein; er wird durch Brennen hart und liefert das beste Material für Brenner der Azetylenlampen. Unreiner Talk heißt Topfstein, weil er sich zu Töpfen verarbeiten läßt, außerdem zum Bau von elektrischen Heizapparaten und Öfen. Dichter Talk ist auch der meiste Bildstein oder Agalmatolith, aus dem in China Figuren geschnitzt werden. Wichtige Verwendungsmöglichkeiten von Talk sind weiter: als Zusatz zu Seifen und

Appreturen, als Füllmasse von Papier; Gummifabrikation, Schmier- und Poliermittelherstellung und Pharmazeutik verbrauchen bedeutende Mengen von Talk.

Kaolinit (Kaolin), $Al_4(OH)_8[Si_4O_{10}]$, monoklin-hemiedrisch (C_s^4), pseudohexagonal (wie Glimmer) mit typischem Schichtgitter. Reiner Kaolinit bildet weiße, dünne sechsseitige Blättchen von geringer Größe, häufiger feinschuppige oder erdige Massen. Spaltbarkeit nach der Basis vollkommen. H. = 2 bis $2^1/_2$, D. = 2,6. Bildet sich vor allem aus Tonerdesilikaten (Feldspäten und Feldspatvertretern) durch Verwitterung oder unter Einwirkung von Thermalwässern. Nicht selten pseudomorph nach verschiedenen tonerdereichen Silikaten. Mit Wasser angerührt gibt Kaolinit eine plastische Masse, die beliebig geformt werden kann. Auf dieser Eigenschaft beruht die Anwendung des Kaolinits zu Porzellan. Wasserverlust beim Glühen zwischen 390—450°. Vorwiegend aus Kaolinit bestehende Gesteine heißen Kaolin (oder Porzellanerde). Kaolintone sind durch verschiedene Beimengungen verunreinigte Kaoline; sie sind grau, gelb, rot, mit Wasser angerührt plastisch und stellen das Rohmaterial für Steingut, Pfeifen (Pfeifenton), irdene Gefäße (Töpferton), feuerfeste Steine usw. dar. Unentbehrlich für Bildhauer zur ersten Herstellung der Bildwerke. Als Lehm wird ein an Kalk, Sand, Eisenoxyden usw. verunreinigter Ton von meist gelber Farbe bezeichnet, der zu Ziegeln gebrannt werden kann.

Glimmergruppe

Die Mineralien der Glimmergruppe sind nach einer Ebene, der Basis, sehr vollkommen spaltbar, die Spaltblättchen selbst sind elastisch biegsam; die Spaltfläche hat Perlmutterglanz.

Chemisch sind die Glimmer Tonerdesilikate, die außer Tonerde und Kieselsäure entweder vorwiegend Kali, Magnesia oder Lithion enthalten und hiernach als Kali-, Magnesia- und Lithionglimmer u. a. unterschieden werden können; sie enthalten außerdem noch Wasser, Fluor und andere isomorphe Elemente, die dunklen auch Eisen, so daß ihre Zusammensetzung sehr mannigfaltig ist. Mit dem Gitter — C_{2h}^6 — (vgl. S. 85 und 104) stehen die für die einzelnen

Glieder angegebenen Formeln in Übereinstimmung. Alle sind monoklin, obwohl die Kristalle wie hexagonal aussehen; viel häufiger als Kristalle sind unregelmäßig begrenzte Blättchen oder schuppige Aggregate. Ritzhärte ist richtungsverschieden; auf der Basis etwa 4, auf (110) etwa $2^1/_2$.

Gesteinsbildend am wichtigsten sind die K- und Al-reichen Abarten, die Muskovite oder hellen Glimmer, sowie die Mg- und Fe-reichen, die Biotite oder dunklen Glimmer; eine erhebliche Mischbarkeit zwischen beiden ist nicht vorhanden; viele Gesteine enthalten Muskovit und Biotit nebeneinander.

Muskovit (Kaliglimmer), $KAl_2(OH, F)_2[AlSi_3O_{10}]$, ist gelblich, nahezu farblos, auch schwach bräunlich oder grünlich. Durchsichtig. D. = 2,8—2,9. In der Natur teils primär, teils sekundär (durch Umwandlung anderer Silikate) gebildet. Wesentlicher oder akzessorischer Bestandteil von Graniten, Gneisen, Glimmerschiefern, Phylliten usw.; findet sich manchmal in großen Tafeln (im Ural, in Ostafrika, Indien, Nordamerika, Australien), die aus pegmatitischen Gängen stammen und die wegen ihrer Durchsichtigkeit und leichten Spaltbarkeit als Fensterglas und wegen ihrer Widerstandsfähigkeit gegen Hitze vielfach an Öfen und Lampen benutzt werden. Der reinste Glimmer wird in der Elektrotechnik als Isoliermittel verwendet. Muskovit fehlt den Ergußgesteinen; häufig sekundär bei pneumatolytischer und hydrothermaler Umbildung vieler Silikate. —Feinschuppiger, seidenglänzender Muskovit heißt Sericit; er wird oft mit Talk verwechselt. Smaragdgrüner und chromhaltiger Muskovit, bei der Umwandlung chromhaltiger Olivingesteine gebildet, hat die Bezeichnung Fuchsit.

Biotit (Magnesiaglimmer), $K(Mg, Fe'')_3 \cdot (OH)_2 \cdot [(Al, Fe''')Si_3O_{10}]$, der häufigste aller Glimmer, ist durch Eisengehalt meist dunkel gefärbt (dunkelbraun, dunkelgrün, schwarz). In dünnen Blättchen immer durchsichtig. D. = 2,8 bis 3,2. Gemengteil der meisten Eruptivgesteine, zahlreicher Gneise, Glimmerschiefer, kontaktmetamorpher Hornfelse usw. In Sedimenten seltener und meist in ausgebleichtem Zustand. Kristalle in Drusen und Auswürflingen. Wegen seines Kaligehaltes hat Biotit, wie Muskovit, eine Bedeutung für den Boden. Pegmatitischer oder pneumatolytisch in Kontaktzonen von Kalken und Dolomiten gebildeter rotbrauner, gelblicher bis farbloser Glimmer ist

Phlogopit, $KMg_3(F, OH)_2[AlSi_3O_{10}]$; stets fluorhaltig und fast eisenfrei. Technisch wichtigen Phlogopit liefert Ceylon; große Kristalle von Südmadagaskar, Sydenham in Ontario. In metamorphen Kalken und Dolomiten, z. B. von Campolungo im Tessin.

Lepidolith (Lithionglimmer), $K(Li, Al)_3[(F, OH, O)_2 \mid AlSi_3O_{10}]$, bildet fast ausschließlich muskovitähnliche, pfirsichblüten- bis rosenrote Blättchen und Schuppen. Schmilzt leicht und gibt eine purpurrote Flammenfärbung. Findet sich als pneumatolytisches Mineral in Graniten und Granitgängen z. B. bei Penig in Sachsen, Rožna in Mähren, auf Elba usw. Dient zur Darstellung von Lithiumverbindungen.

Ein eisenhaltiger, meist brauner Lithionglimmer, der sich in Zinnstein führenden Graniten und Gneisen als Produkt pneumatolytischer Zersetzung bei Zinnwald im Erzgebirge findet, heißt Zinnwaldit, $K(Fe'', Li)_3(OH)_2[AlSi_3O_{10}]$.

Ein dem Biotit sehr ähnliches Gitter hat der grüne, chloritähnliche Glaukonit, der in rundlichen Körnern in marinen Sandsteinen und Mergeln vorkommt, z. B. im „Essener Grünsand" der Kreide.

Margarit, $CaAl_2(OH)_2[Si_2Al_2O_{10}]$, ist ein Kalkglimmer, z. B. metamorph im Chloritschiefer am Greiner in Tirol, dann aber vor allem auf Smirgellagerstätten. Die Spaltblättchen sind spröde und zerbrechlich! H. ~ 4, D. $= 3$. Starker Perlmutterglanz der weißlichen bis perlgrauen Schüppchen. Als Natronglimmer hat der

Paragonit, $(Na, K)Al_2(OH)_2[AlSi_3O_{10}]$, Bestandteil der Paragonitschiefer (z. B. Monte Campione bei Faido), eine lokale Bedeutung.

Glimmer mit spröden und leicht zerbrechlichen Spaltblättchen, wie der schon erwähnte Margarit, werden als Sprödglimmer bezeichnet; unter ihnen ist der

Chloritoid (Ottrelith), $Fe_2Al_4(OH)_4[Si_4Al_4O_{20}] \cdot 2Fe(OH)_2$, Gemengteil metamorpher Schiefer (z. B. Ottrez, Ardennen) von Bedeutung (sog. Chloritoidschiefer). $H > 6$, $D. = 3{,}4$—$3{,}6$.

Chloritgruppe

Die zu dieser Gruppe zählenden Mineralien sind glimmerähnlich nach der Basis spaltbar, aber merklich schlechter; Spaltblättchen biegsam, nicht elastisch. Meist dunkelgrün gefärbt mit einem Stich ins Blaugrüne. Der Form nach scheinen sie hexagonal zu sein, sie sind aber monoklin. Die Kristallstruktur ist glimmerartig, aber die Abstände zwischen den SiO_4-Tetraedern bedeutend größer; diese Zwischenräume enthalten Hydroxydschichten. Chemisch sind die Chlorite magnesia- und eisenhaltige Tonerdesilikate mit Wasser, und zum Unterschied von Glimmer frei von Alkalien. H. = 1—2.

Vorkommen gesteinsbildend (u. a. in Chloritschiefern sehr verbreitet); hydrothermal auf Klüften mancher Gesteine. Umwandlungs- und Verwitterungsprodukt verschiedener Mineralien, oft in Pseudomorphosen. Viele und uneinheitliche, z. T. überflüssige Namensbezeichnungen liegen vor.

Pennin, $Mg_5(Mg, Al)[(OH)_8 \mid (Al, Si)Si_3O_{10}]$, durch Verzwillingung oft pseudorhomboedrisch (Fig. 95), bläulichgrün. H. = $2^1/_2$, D. = 2,5—2,6. Häufig in Diabasen, seltener in Chloritschiefern. Hydrothermal auf Klüften (z. B. von der Rimpfischwänge bei Zermatt, bei Ala in Piemont, im Zillertal). Ähnlich Pennin ist der Prochlorit, $(Mg, Fe)_5Al[(OH)_8 \mid AlSi_3O_{10}]$, oft in wurmähnlich gebogenen Säulen, die geldrollenförmig übereinanderliegenden Täfelchen entsprechen; auch bei anderen Chloriten beobachtet! Hauptbestandteil der Chloritschiefer, wie auch gelegentlich Klinochlor. Bestimmung und Unterscheidung dieser und anderer Chlorite, auch optisch, schwer.

Fig. 95.

Serpentinmineralien

Serpentinmineralien haben chemisch und strukturell Beziehungen zu Hornblenden und Chloriten.

Serpentin, $H_4Mg_3Si_2O_9$, mit mehr oder weniger Eisenoxydul, bildet meist dichte Massen von grüner oder gelblicher Farbe, oft heller und dunkler gefleckt oder gebändert. Durchscheinend bis undurchsichtig. H. = 3—4, durch Verkieselung auch härter; D. = 2,5—2,6. V. d. L. sehr schwer in feinsten Splittern schmelzbar. Läßt sich polieren und auf der Drehbank verarbeiten. Serpentin ist gesteinsbildend (Serpentinit). Vorwiegend durch Hydratisierung von Olivin, Pyroxen, Hornblenden usw. (Serpentinisierung!) entstanden, auch hydrothermal.

Die dichte, dunkelfarbige Abart ist der gemeine Serpentin, oft in großen Massen aus Olivingesteinen hervorgegangen (z. B. Zöblitz in Sachsen, Epinal in Frankreich u. a. O.) und technisch genutzt. Hell gefärbte, grüne bis gelbe und durchscheinende Varietäten bezeichnet man als edlen Serpentin; meist in Marmoren. Seidenglänzende, feinfaserige Aggregate werden Faserserpentin oder Chrysotil genannt, in parallelfaserigen Massen Chrysotilasbest (Serpentinasbest); die Asbestfasern stehen jeweils senkrecht zu den Klüften (Querfaserasbest) im gemeinen Serpentin (Faserlänge bis 10 cm); bauwürdige Lagerstätten vielerorts, in Deutschland nur Zöblitz. Längsfaserasbeste (z. B. Reichenstein in Schlesien, Taberg im Wermland u. a.) auf Rutsch- und Quetschflächen sind meist unbrauchbar. — Blättrig-schuppige Aggregate führen den Namen Antigorit oder Blätterserpentin (u. a. im Antigoriotal in Piemont, Sprechenstein bei Sterzing). Nach elektronenoptischen Beobachtungen scheinen die Chrysotilfasern Röhren zu sein, d. h. gewissermaßen „eingerollte“ Blattstrukturen.

Serpentin wird zu mancherlei Gegenständen, wie Reibschalen, Wärmesteinen, Lampen, kleineren Skulpturen usw. verarbeitet. Hauptlieferant für Serpentinasbest ist Kanada; 95% „Asbest“ ist Serpentinasbest, der Rest Hornblendeasbest (vgl. S. 103). Serpentinasbest wird zu feuerfesten Geweben, gepreßten Isolationen, als Füllmasse für Gummisorten, mit Zement zu Dachziegeln und Baumaterial usw. verwendet.

Meerschaum, etwa $2MgO \cdot 3SiO_2 \cdot 2H_2O$, bildet weiße, feinerdige, milde, poröse Knollen und findet sich hauptsächlich in Kleinasien. Wird zu Pfeifenköpfen und Zigarrenspitzen verarbeitet.

Ein erwähnenswertes Verwitterungsprodukt ultrabasischer Gesteine ist noch der nickelhaltige Garnierit $(Ni, Mg)_6(OH)_8[Si_4O_{10}]$, der wegen seines Nickelgehaltes (bis fast 30%) ein wichtiges Nickelerz in Neukaledonien darstellt. Erdig. Smaragdgrün bis gelbgrün. H. = 2—4, D. = 2,2—2,7. Er geht aus nickelhaltigem Olivin über Serpentin hervor.

Unter den tetragonal kristallisierenden Netzsilikaten (vgl. S. 104) sind erwähnenswert:

Apophyllit, $KCa_4[F \mid (Si_4O_{10})_2] \cdot 8\,H_2O$. Tetragonal ($D_{4h}^6$). Die vorwiegend aufgewachsenen Kristalle pyramidaler, prismatischer (Fig. 96) bis würfeliger Ausbildung sind häufig begrenzt vom Prisma zweiter Stellung (100), von der Bipyramide erster Stellung (111) und der Basis (001); nach letzterer Fläche sehr vollkommen spaltbar, auf ihr Perlmutterglanz. Durchsichtig bis durchscheinend, farblos, weiß oder rosa. H. = $4^1/_2$—5, D. = 2,3—2,4. Hydrothermal gebildet in Blasenräumen basaltischer und verwandter Gesteine (Sasbach am Kaiserstuhl, im Siebengebirge, Haslach in Baden, Aussig in Böhmen usw.), auf Erzgängen (St. Andreasberg am Harz), auf Zerrklüften der Alpen (Seiseralp u. a.) sowie auf den Magnetitlagerstätten des Banats (Oravicza). Apophyllit steht chemisch den Zeolithen nahe, gehört aber kristallstrukturell (Schichtgitter!) nicht zu dieser Mineralgruppe.

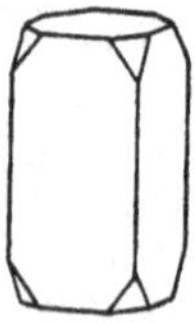

Fig. 96.

Melilith, ein häufiger, in steter Vergesellschaftung mit Perowskit beobachteter Gemengteil sehr basischer und kalziumreicher Ergußgesteine, entspricht einem Mischungsglied zwischen dem Al-freien Endglied Åkermanit-$Ca_2Mg_2Si_2O_7$, nur aus Schlacken bekannt — und dem Mg-freien Gehlenit-$Ca_2Al_2SiO_7$, Kontaktmineral in Kalken, z. B. Monzoni im Fassatal. Kristalle tetragonal-skalenoedrisch (D_{2d}^3); meist dicktafelig, kurzsäulig. Farblos, häufiger gefärbt (gelb bis braun). Glasglanz. H. = 5—$5^1/_2$, D. = 2,9—3,0. V. d. L. leicht schmelzbar und von Säuren unter Gelatinieren zerstört.

7. Gerüstsilikate

Silikate mit Gerüstgitter (vgl. S. 85).

Feldspatvertreter

Mineralien in kieselsäureärmeren Gesteinen an Stelle der Feldspate; sie enthalten weniger SiO_2 als die Feldspate.

Nephelin (Eläolith), $NaAlSiO_4$, hexagonal-pyramidal (C_6^6). Kristalle meist kurzsäulig, begrenzt von Prisma und Basis. Die mindere Symmetrie durch Ätzfiguren deutlich nachweisbar. Farblos, meist aber weiß, grau; glasglänzend. H. $= 5^1/_2—6$, D. $= 2,60—2,65$. V. d. L. ziemlich leicht zu Glas schmelzbar; mit Salzsäure bei Erwärmung gallertartige Kieselsäure.

Wichtiger Gemengteil der Alkaligesteine, vor allem der Syenite, Phonolithe und Nephelinbasalte. Aufgewachsene Kristalle finden sich z. B. am Vesuv (der Somma) in früher vom Vulkan ausgeworfenen Blöcken, auf kleinen Drusen der Laacher See-Auswürflinge. Eine derbe, fettglänzende, trübe, rote oder grüne Art, der Eläolith, ist Bestandteil mancher Syenite (Eläolithsyenite) und deren Pegmatite. Technisch genutzt werden die reichlichen Nephelin-Apatitvorkommen der Halbinsel Kola.

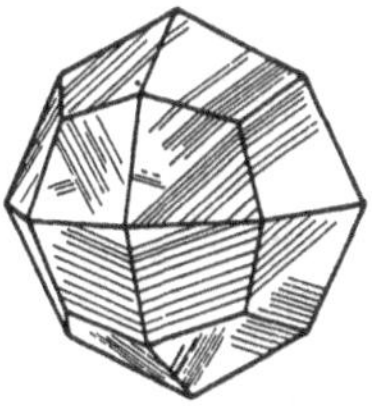

Fig. 97.

Leucit, $KAlSi_2O_6$, regulär, in Ikositetraedern (Fig. 97), die aber aus wahrscheinlich tetragonalen Lamellen (β-Leucit) aufgebaut sind; oberhalb 605° isotrop und regulär (α-Leucit, O_h^{10}), unterhalb dieser Temperatur tritt der Lamellenbau (vgl. Fig. 97) wieder auf. Die Oberfläche der Kristalle ist meist rauh. Muscheliger Bruch. H. $= 5^1/_2—6$, D. $= 2,5$. V. d. L. unschmelzbar, von Säuren zersetzt.

Wesentlicher oder akzessorischer Gemengteil kalireicher Ergußgesteine, besonders der Leucitphonolithe, Leucitbasalte usw. Vorkommen u. a. im Laacher Seegebiet, am Kaiserstuhl, am Vesuv. Lose in Tuffen, wie des Vesuvs und des Albanergebirges. Leucitreiche Gesteine wurden als Kalidüngemittel benutzt.

Sodalithgruppe

Sodalith, Nosean und Hauyn. In ihnen ist das Nephelinsilikat mit einem anderen Salz verbunden. Alle kristallisieren in der Form des regulären Rhombendodekaeders, aber nach Ätzfiguren tetraedrisch (T_d^4). Sie werden leicht von Säuren unter Gallertbildung zersetzt. V. d. L. schwer zu blasigem Glas schmelzbar. H. = 5—6, D. = 2,3—2,6.

Sodalith ist chlorhaltig: $3\,NaAlSiO_4 \cdot NaCl$ bzw. $Na_8Al_6Si_6O_{24}Cl_2$. Meist farblos, aber auch schön blau. Gemengteil in Eläolithsyeniten (Ditro in Siebenbürgen), Trachyten, Phonolithen usw. In den Auswürflingen vom Laacher See.

Nosean ist schwefelhaltig: $3\,NaAlSiO_4 \cdot Na_2SO_4$ bzw. $Na_8Al_6Si_6O_{24} \cdot SO_4$. Meist braun, während

Hauyn, $3\,NaAlSiO_4 \cdot CaSO_4$ bzw. $(Na, Ca)_{4\text{-}8}Al_6Si_6O_{24} \cdot (SO_4)_{1\text{-}2}$, vorwiegend blau ist. In der eintrocknenden Gallerte eines HNO_3-Aufschlusses scheiden sich Gipsnädelchen ab. Hauyn und Nosean sind in erster Linie Gemengteile nephelin- und leucitführender Ergußgesteine. Aufgewachsen in Laacher See-Auswürflingen (Hauyn- und Noseansanidiniten), eingewachsen z. B. in den Leucitophyren des Laacher Sees, in der Mühlsteinlava von Niedermendig usw. In enger Beziehung zur Sodalithgruppe steht der

Lasurstein (Lapislazuli, Lasurit), $3\,NaAlSiO_4 \cdot Na_2S$. Rhombendodekaeder selten; bildet sehr feinkörnige, fast dichte Massen von blauer Farbe, die oft mit Körnchen von gelbem Schwefelkies und von Kalkspat durchsetzt oder mit farblosem Glimmer und Diopsid innig gemengt sind; hierdurch schwankt die Dichte von 2,4—2,9. In kontaktmetamorphen Kalken, vor allem in Afghanistan und am Westende des Baikalsees abgebaut. Wird zu Schmuckgegenständen verarbeitet. Das reine Material lieferte früher die sehr wertvolle blaue Farbe (natürliches Ultramarin), die jetzt durch das künstliche Ultramarin ersetzt wird.

Cancrinit, $Na_6Ca_2[(CO_3)_2 \mid (AlSiO_4)_6]$, hexagonal, kurz- bis langsäulig, mit vollkommener Spaltbarkeit nach $(10\bar{1}0)$.

H. = 5—6, D. = 2,4—2,5 ist gelegentlicher Gesteinsgemengteil (z. B. in Laacher See-Auswürflingen).

Feldspatgruppe

Die Feldspäte kristallisieren monoklin und triklin; alle spalten deutlich nach zwei Richtungen, die bei den monoklinen senkrecht, bei den triklinen schief (etwa 94°) aufeinanderstehen. Nach dem Spaltwinkel bezeichnet man die monoklinen Orthoklas (gerade oder rechtwinkelig spaltend), die triklinen Plagioklas (schief spaltend). Die bessere Spaltfläche wurde als Basis P (001), die andere als Längsfläche M (010), angenommen. Die Kristalle aller Feldspäte sehen einander sehr ähnlich und sind äußerlich oft schwer zu unterscheiden. Ein wesentlicher Unterschied liegt in ihrer chemischen Zusammensetzung: der monokline ist eine Verbindung von Kali, Tonerde und Kieselsäure, also Kalifeldspat; die triklinen enthalten statt Kali entweder Natron (Natronfeldspat) oder Kalk (Kalkfeldspat), oder, am häufigsten, beide in isomorpher Mischung (Kalknatronfeldspäte). Raumgitter der Feldspäte ist sehr kompliziert, z. T. noch in Einzelheiten ungeklärt; jedenfalls liegen räumliche Netze von $(Si, Al)O_4^{-3 \text{ bis } 4}$-Tetraedern vor (vgl. S. 86).

Bei der Verwitterung der Feldspäte entstehen, neben Kalziumkarbonat, durch Verlust der alkalischen Bestandteile Kaolin und Ton. Das Kali aus dem verwitterten Kalifeldspat wird von den Böden aufgenommen und bewirkt ihre Fruchtbarkeit.

Orthoklas ist monokliner Kalifeldspat, $KAlSi_3O_8$. Gitter: C_{2h}^3. Die Kristalle (Fig. 98) sind in der Regel begrenzt vom Vertikalprisma (T), der Längsfläche (M), der Basis (P), den

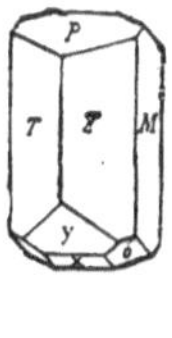

Fig. 98.

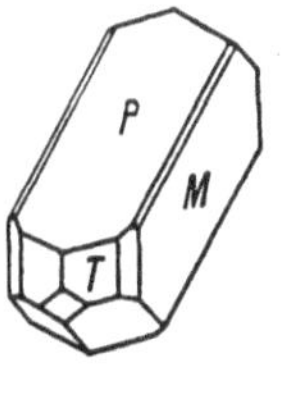

Fig. 99.

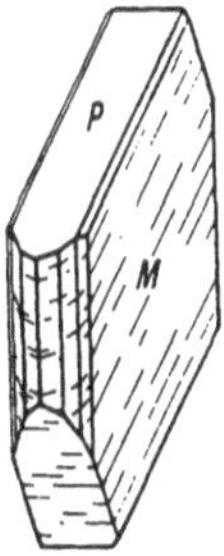

Fig. 100.

Fig. 101.

Querflächen (x, y) und oft noch von einer hinteren Pyramide (o). Kristalltracht nach dem Vorkommen verschieden. Eingewachsene Kristalle entweder prismatisch nach T oder gestreckt nach der a-Achse (Fig. 99, vorwiegend in Tiefengesteinen); tafelig nach M (Fig. 100) in Ergußgesteinen, durch Vorherrschen von T und x rhomboedrisch (auf Klüften). Häufig Zwillinge: Karlsbader Zwillinge (Fig. 101) haben die Querfläche (100) gemeinsam und sind Durchkreuzungszwillinge. Bavenoer Zwillinge haben eine Fläche des Längsprismas (021), Manebacher die Basis (001) als Zwillingsebene und sie sind Berührungszwillinge. H. = 6, D. = 2,5—2,6.

Nach Farbe und Ausbildung werden u. a. unterschieden:

Gemeiner Feldspat, trüb, fast undurchsichtig, weiß, grau, gelblich, rötlich, auch grünlich. Die weitaus häufigste Abart; Gemengteil der sog. Orthoklasgesteine, wie Granit, Syenit (mattblau schillernd in südnorwegischen Syeniten), Porphyr usw.; verbreitet in Pegmatiten, auch auf sekundären Lagerstätten und in sedimentären Gesteinen. Schöne Kristalle in Granitdrusen von Striegau in Schlesien, im Fichtelgebirge, bei Karlsbad, Baveno am Lago Maggiore usw.

Sanidin („glasiger" Feldspat) ist tafelig nach der Längsfläche, klar, durchscheinend, farblos, meist natronhaltig. Bestandteil von Trachyten (Drachenfels im Siebengebirge), Auswürflingen am Laacher See usw.

Adular, meist ohne Längsfläche (vgl. Fig. 99) und in rhomboedrischer Tracht, farblos, klar, durchsichtig; findet sich als hydrothermale Bildung auf Klüften von Silikatgesteinen in den Alpen usw. Er zeigt bisweilen einen bläulichen Lichtschein und wird dann unter dem Namen Mondstein als Schmuckstein benutzt, besonders solcher von Ceylon; bei richtiger Beleuchtung zeigt er einen wogenden Lichtschein.

Kalifeldspat ist auch der Mikroklin, der äußerlich vom trüben, gemeinen Feldspat nicht zu unterscheiden ist, seiner optischen und anderen Eigenschaften wegen aber für triklin angesprochen werden muß. Vorkommen wie Orthoklas. Eine rein grüne Varietät ist der als Schmuckstein zur Verwendung kommende Amazonenstein, der sich bei Miask im Ural, am Pikes Peak in Colorado, in Grönland u. a. O. vorfindet.

Plagioklase sind isomorphe Mischungen von Natron- und Kalkfeldspat.

a) Natronfeldspat oder Albit (abgekürzt Ab), $NaAlSi_3O_8$, triklin (C_i^1). Die Form der einfachen Kristalle ist der von Orthoklas sehr ähnlich (vgl. Fig. 102 mit Fig. 98); meist Zwillinge, die nach der Längsfläche verzwillingt und verwachsen sind (Albitgesetz, Fig. 103); die Basisflächen bilden dann an einem Ende flach einspringende, am anderen flach ausspringende Winkel. Häufig polysynthetische Zwillinge nach dem Albitgesetz, die oft durch eine augenfällige Zwillingsstreifung erkennbar sind. Weiß bis farblos, durchsichtig oder durchscheinend, glasglänzend. D. ~ 2,61. Findet sich aufgewachsen in Drusen, Pegmatiten und auf Klüften von Granit, z. B. bei Striegau in Schlesien, im Fichtelgebirge, aber auch auf Klüften alpiner Gesteine, in Erzgängen (z. B. Morro Velho). Eingewachsen in Alkaligraniten und -syeniten wie deren Ergußformen, häufiger neugebildet in Gneisen.

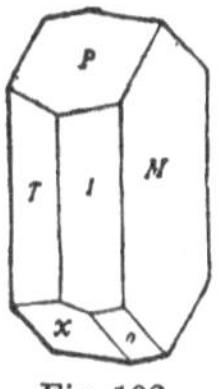

Fig. 102.

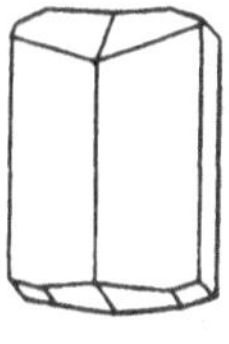
Fig. 103.

b) Kalkfeldspat oder Anorthit (abgekürzt An), $CaAl_2Si_2O_8$, bildet kleine weiße, trikline Kristalle (C_i^1). Aufgewachsene Kristalle z. B. auf Drusen der Somma-Auswürflinge; eingewachsen als Gesteinsgemengteil in ultrabasischen Tiefen- und Ergußgesteinen sowie deren Tuffen (Miyake in Japan). D. ~2,76.

c) Kalknatronfeldspäte (Plagioklase) sind isomorphe Mischungen von Ab und An und wie diese beiden Endglieder triklin kristallisierend; häufig derb. Für letztere ist oft eine Zwillingsstreifung kennzeichnend; eine solche fehlt dem monoklinen Orthoklas. Die Streifen laufen der von den beiden Spaltflächen gebildeten Kante parallel; jeder Streifen entspricht einem dünnen Individuum, das sich zu den beiden benachbarten in Zwillingsstellung befindet. — Weiß, grau, selten rötlich.

Nach dem jeweiligen Mischungsverhältnis werden unterschieden: Oligoklas (10—30% An), Gemengteil vieler Eruptivgesteine; durch eingelagerte Eisenglanzschüppchen schillernd und Sonnenstein bezeichnet. Andesin (30—50% An), in vielen Andesiten; Kristalle im Cordieritgneis von Bodenmais in Bayern. Labrador (50—70% An), zeigt bisweilen in bestimmten Richtungen lebhaft schillernde Farben (Labradorisieren), besonders blau und grün, und ist dann ein schleifwürdiger Schmuckstein (z. B. von der Labradorküste Nordamerikas). Gemengteil basischer Eruptivgesteine (Gabbro u. a.). Bytownit (70—90% An), im Forellenstein von Volpersdorf und Harzburg.

Die physikalischen Eigenschaften der Mischungsglieder sind kontinuierliche Funktionen der Mischungsverhältnisse der beiden Endglieder. Die optischen Eigenschaften sind auch temperaturabhängig, so daß eine Tief- und eine Hochtemperaturoptik der Plagioklase verzeichnet werden kann.

Der Anorthoklas ist eine trikline Mischung von Kali- und Natronfeldspat, in der gewöhnlich eine beginnende Entmischung zu erkennen ist. Meist in Ergußgesteinen foyaitischer Magmen; Kristalle aus Laven der Insel Pantelleria. Perthite zeigen entmischte Albitlamellen in Kalifeldspat, die in eigentümlich angeordneten Schnüren nicht selten beobachtbar sind.

Skapolithe sind isomorphe Mischungen des Natronskapoliths Marialith ($Na_4Al_3Si_9O_{24}Cl$) und des Kalkskapoliths Mejonit ($Ca_4Al_6Si_6O_{24}CO_3$), wobei sie tetragonal-bipyramidal (C_{4h}^5) kristallisieren. Farblos oder weiß, glasiger Glanz. Oft völlig trüb und porzellanartig. H. = 5—6$^1/_2$, D. = 2,54 bis 2,77. V. d. L. leicht und unter Aufblähen schmelzend. Typisches Mineral kontaktmetamorpher Gesteine und Lagerstätten. Kristalle in Somma- und Laacher See-Auswürflingen. Ein klarer gelber Edelskapolith aus Brasilien findet Verwendung als Schmuckstein.

Datolith, $Ca[OH \mid BSiO_4]$, monoklin-holoedrische Kristalle (C_{2h}^5), farblos, grünlich bis gelblich, glasglänzend, durchsichtig. H. = 5—5$^1/_2$, D. = 2,9—3,0. V. d. L. unter Aufschäumen schmelzbar; grüne Flammenfärbung. Hydrothermal auf Klüften und Drusen basischer Eruptivgesteine (St. Andreasberg auf Diabasklüften, Seiseralp in Melaphyrblöcken), oft recht flächenreich; seltener auf Erzlagerstätten. Klare Kristalle von New Jersey wurden gelegentlich als Schmuckstein verwendet.

Zeolithe

Die Zeolithe sind kristallisierte, wasserhaltige, feldspatähnliche Silikate, die sich meist in Blasenräumen, Drusen und auf Klüften von Eruptivgesteinen und deren Tuffen, aber auch in kristallinen Schiefern und auf Erzgängen finden. Sie sind hydrothermaler Entstehung, gelegentlich auch pseudomorph nach Feldspäten und ihren Verwandten.

Ihr Wassergehalt ist von der Temperatur abhängig und wird mit steigender Temperatur kontinuierlich abgegeben, ohne Bildung bestimmter Hydrate; es ist zeolithisch gebunden. Die Wasserabgabe erfolgt ohne Zerstörung des Gitters. Bedeutsam ist, daß die Zeolithe verlorenes Wasser wieder aufzunehmen vermögen, statt des Wassers aber auch andere flüchtige Stoffe, wie Ammoniak, reines Jod oder Kohlenwasserstoffe. Durch diese Eigenschaft wird wahrscheinlich gemacht, daß als Gerippe der Kristallstruktur die SiO_4-Gerüste dienen, in deren offenen Hohlräumen sich die Wassermoleküle einbauen, ohne am Zusammenhalt des Gitters selbst teilzunehmen.

Beim Erhitzen schäumen die Zeolithe auf, daher ihr Name Siedesteine (gr.: zéo = ich koche, siede; líthos = Stein). Alle werden durch Salzsäure zersetzt. Viele Zeolithe besitzen das Vermögen, bei Behandlung mit einer Salzlösung ihren basischen Bestandteil gegen den der Lösung einzutauschen; so gibt z. B. Chabasit bei Behandlung mit einer Kochsalzlösung sein Kalzium ab und nimmt dafür äquivalente Mengen von Natrium auf; danach mit Chlorkalziumlösung behandelt, tauscht er sein Natrium gegen Kalzium aus; dieser Basenaustausch hat für die Enthärtung von Wasser eine beachtenswerte Bedeutung. Im Boden werden Stoffe von der chemischen Zusammensetzung der Zeolithe („Bodenzeolithe“) angenommen, welche den Stoffwechsel im Boden regeln sollen. Durch ihre Aufnahmefähigkeit für bestimmte Stoffe werden die Zeolithe auch für die fraktionierte Reinigung sonst schwer trennbarer Gase verwendet.

Die Zeolithe sind meist farblos bis weiß, durch Beimengungen gefärbt. Morphologisch Neigung zu Vizinalflächen, mimetischen Zwillingen und Viellingen.

Natrolith, annähernd $Na_2Al_2Si_3O_{10} \cdot 2H_2O$, rhombisch ($C_{2v}^{19}$), ist der wichtigste Vertreter der Faserzeolithe. Kristalle, begrenzt von Prisma und Bipyramide, sehen deutlich pseudotetragonal aus; meist in weißen oder gelben, faserigen und strahligen Aggregaten. Durchsichtig bis undurchsichtig. An der Lichtflamme leicht schmelzbar. H. = 5—5$^1/_2$, D. = 2,2—2,4. Nadelige und radialstrahlige Aggregate besonders häufig in Drusen und Klüften böhmischer Phonolithe (Aussig und Teplitz), hessischer und anderer Basalte. Gelbe Krusten und Schnüre im Phonolith vom Hohentwiel. Auch in Syeniten Norwegens.

Skolecit, $CaAl_2Si_3O_{10} \cdot 3H_2O$, monoklin; gewöhnlich pseudorhombische Zwillinge, mit Federstreifung auf (010). Pyroelektrisch. Raumgruppe C_s^4 (?). In Basalthohlräumen, auf alpinen Klüften und Drusen in Granit und Syenit.

Mesolith, chemisch zwischen Natrolith und Skolecit, so daß Mischkristalle vorliegen.

Thomsonit, $NaCa_2Al_5Si_6O_{20} \cdot 6H_2O$, rhombisch ($D_{2h}^7$), meist fächerförmige stengelige oder kugelförmige Aggregate, sowie faserig. Kristalle selten. Bisweilen regelmäßig mit Natrolith verwachsen. Auf Blasenräumen phonolithischer und basaltischer Gesteine. Auf der Seiseralpe in Melaphyr, am Vesuv in alten Laven. Bekannte Fundorte sind Dumbarton in Schottland, aber auch die Färöer-Inseln (radialfaserige Kugeln, sog. Faröelith).

Laumontit, $CaAl_2Si_4O_{12} \cdot 4H_2O$, monoklin-prismatisch ($C_{2h}$); Kristalle säulenförmig, vertikal gestreift. Farblos, blaßgelb oder blaßrot. Verstäubt an trockener Luft; das Wasser entweicht fast bis zur Hälfte, wodurch die Kristalle matt und bröckelig werden. Auf Klüften und Blasenräumen von Eruptivgesteinen, aber auch in Gneisen und Schiefern. Im Melaphyrmandelstein von Oberstein-Idar, im Gabbro von Harzburg, im Syenit des Plauenschen Grundes. Mit

Kupfererzen am Oberen See (USA). Als Verdrängungsprodukt von Feldspat und Quarz in Kuhmoinen (Zentralfinnland).

Unter den Blätterzeolithen, im Gegensatz zu den obigen Faserzeolithen, sind erwähnenswert:

Heulandit (Stilbit), $CaAl_2Si_6O_{16} \cdot 5H_2O$, monoklin-holoedrisch ($C^3_{2h}$); einfache, tafelige Kristalle, die sehr vollkommen nach (010) spalten. Auch blättrig und spätig. Gewöhnlich farblos, durch eingelagerte Goethitschüppchen ziegelrot (aus dem Fassatal, von Vacza in Siebenbürgen u. a. O.). H. = $3^1/_2$—4, D. = 2,1—2,2. In Mandeln und Drusen von Basalten (Färöer) oder Graniten (Striegau und Elba), auf alpinen Klüften; seltener auf Erzgängen (z. B. St. Andreasberg am Harz).

Desmin, $Ca_2NaAl_5Si_{13}O_{36} \cdot 14H_2O$, monoklin ($C^3_{2h}$); meist in charakteristischen garbenförmigen Bündeln oder stengeligen Aggregaten. Farblos, weiß. Perlmutterglanz auf der Spaltfläche (010). H. = $3^1/_2$—4, D. = 2,1—2,2. Ziemlich verbreiteter und auch reichlich auftretender Zeolith. Auf Drusen von Basalten in Schottland, Färöer, Grönland (den Doppelspat von Eskifjord überkrustend), in Granitdrusen (z. B. Baveno, Striegau), auf Klüften kristalliner Schiefer (am St. Gotthard), auf der Eisenerzlagerstätte von Arendal.

Der morphologischen Ausbildung nach werden noch Würfelzeolithe beobachtet; die Kristalle sind kubisch oder pseudokubisch.

Chabasit, $CaAl_2Si_4O_{12} \cdot 6H_2O$, kristallisiert in würfelähnlichen Rhomboedern, die oft Durchwachsungszwillinge (Fig. 104) bilden. Raumgruppe D^5_{3d}. Farblos, weiß, auch rötlich; durchsichtig oder durchscheinend, glasglänzend. Spröd. H. = $4^1/_2$, D. = 2,1. Besonders schön in blasigem Basalt bei Nidda am Vogelsberg, im Melaphyr bei Oberstein, im Phonolith bei Aussig in Böhmen u. a. O.; seltener im Granit (Striegau, Baveno) oder auf Erzgängen, wie bei St. Andreasberg am Harz.

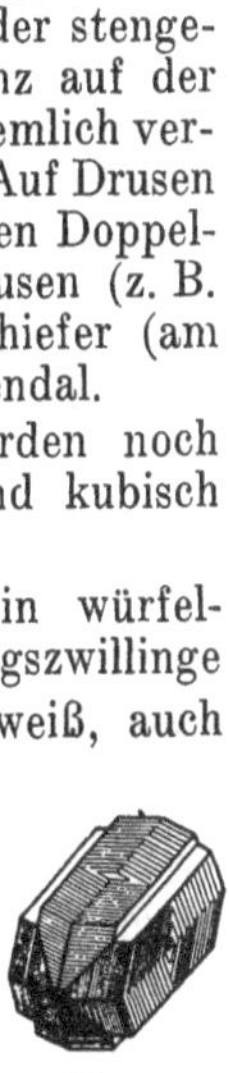

Fig. 104.

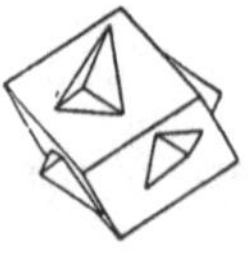
Fig. 105.

Als Absatz der Thermalquellen von Plombières.

Phillipsit, $(Ca, K_2, Na_2)_2[Al_4Si_{11}O_{30}] \cdot 10H_2O$, und

Harmotom, $(Ba, K_2)_2[Al_4Si_{11}O_{30}] \cdot 10H_2O$, sind einander sehr ähnlich; sie bilden meist weiße, trübe, selten durchsichtige Kristalle, die rhombisch, quadratisch oder gar regulär aussehen, aber monoklin (C_{2h}^2) sind und nur durch vielfach versteckte Zwillingsbildung jene einfachen Formen nachahmen. Auch deutliche Durchkreuzungszwillinge (Fig. 105) sind nicht selten; wegen dieser Form werden beide Mineralien auch Kreuzstein genannt. H. = $4^1/_2$, D. = 2,2 (Phillipsit), 2,44—2,50 (Harmotom). Bildung beider Mineralien hydrothermal. Phillipsit namentlich in Hohlräumen von Basalten, gebildet aus zersetzten Feldspaten, z. B. am Stempel bei Marburg, Sasbach am Kaiserstuhl, Nidda am Vogelsberg u. a. O.; Harmotom in Melaphyrmandeln bei Oberstein, vor allem aber reichlich auf Erzgängen von St. Andreasberg am Harz, Kongsberg in Norwegen usw.

Analcim, $NaAlSi_2O_6 \cdot H_2O$, entspricht chemisch als Natriumverbindung dem Leucit, enthält aber zeolithisches Wasser. Kristallisiert regulär (O_h^{10}), meist in Ikositetraedern (211), oft in idealer Ausbildung; seltener Würfel mit Ikositetraeder. Durchsichtig und farblos oder fast undurchsichtig und weiß sowie blaß fleischrot. Glasglänzend. H. = $5^1/_2$, D. = 2,2—2,3. In hydrothermaler Bildung in Blasenräumen von Basalten und verwandter Gesteine (z. B. schöne Kristalle auf der Cyklopeninsel bei Catania, rote Kristalle u. a. vom Fassatal); dann auf Erzgängen (St. Andreasberg am Harz), auf Magnetitlagern (Arendal und Gora Blagodat), doch auch eingewachsen als ursprünglicher magmatischer Gemengteil (Schmelzrest magmatischer Erstarrung) in verschiedenen Ergußgesteinen (z. B. im Teschenit von Teschen und Neutitschein).

Optische Daten nichtmetallischer Mineralien

(für Na-Licht)

Seite	Mineral (in alphabetischer Reihenfolge)	n nω nα	nε nβ	nγ	Opt. Char. (2 V)	Optische Orientierung
120	Analcim	1,487				
34	Anatas	2,562	2,499		—	
87	Andalusit	~ 1,632	~ 1,638	~ 1,643	— (83—85°)	AE (010), nα // c
75	Anglesit	1,877	1,882	1,894	+ (60—75°)	AE (010), nγ // a
75	Anhydrit	1,569	1,575	1,613	+ (42°)	AE (010), nγ // a
80	Apatit	~ 1,650	~ 1,647		—	
110	Apophyllit	~ 1,535	~ 1,536		±	oft anomal zweiachsig
68	Aragonit	1,530	1,682	1,686	— (18°)	AE (100), nα // c
94	Axinit	~ 1,679	~ 1,685	~1,689	— (64—80°)	AE ~ (111) nα ~ ⊥ ($\bar{1}$11)
96	Benitoit	1,757	1,804		+	
98	Beryll	1,57—1,60	1,56—1,59		—	
77	Bittersalz	1,433	1,455	1,461	— (51°)	AE (001), nα // b
72	Boracit, α-	1,671				
	β-	1,662	1,667	1,673	+ (83°)	nγ // Fasern
72	Borax	1,447	1,469	1,472	— (39°)	AE ⊥ (010), nα // b
54	Brookit	2,583	2,586	2,741	+ (16,5°)	AE (001)
57	Brucit	1,566	1,581		+	
112	Cancrinit	1,51—1,52	1,49—1,50		—	
69	Cerussit	1,804	2,076	2,078	— (8°)	AE (010), nα // c
71	Chilesalpeter	1,585	1,337		—	
108	Chlorite					
	Pennin	~ 1,560	1,58—1,60	~ 1,571	± (klein)	AE (010), nγ ⊥ (001)
	Klinochlor	~ 1,57	1,57—1,59	~ 1,596	+ (0—90°)	nγ/⊥ (001) 0—2½°
	Prochlorit	~ 1,59	1,60	1,65	+ (0—30°)	AE (010), nγ/⊥ (001) 0—2°
45	Chrysoberyll	1,747	1,748	1,756	+ (45—71°)	AE (010), nγ // c
74	Cölestin	1,622	1,624	1,631	+ (51°)	AE (010), nγ // a
99	Cordierit	1,538	1,543	1,545	— (40—80°)	AE (100), nα // c

Seite	Mineral (in alphabetischer Reihenfolge)	n nω nα	nε nβ	nγ	Opt. Char. (2 V)	Optische Orientierung
116	Datolith	1,626	1,654	1,670	— (74°)	AE (010), nγ / c — 1 bis — 4°
18	Diamant	2,4172				
57	Diaspor	1,702	1,722	1,750	+ (84°)	AE (010), nγ // a
99	Dioptas	1,65	1,70		+	
88	Disthen	1,713	1,722	1,729	— (82°)	AE ~ $\perp$ (100), nα ~ $\perp$ (100) auf (100), nγ'/c 27—32°, auf (010) nα'/a 0—$2^1/_2$°
65	Dolomit	1,680	1,501		—	
66	Eisenspat	1,873	1,633		—	
92	Epidot	1,734	1,763	1,780	— (68—73°)	AE (010), nα / c 0—5°
113	Feldspäte					
	Orthoklas	1,519	1,524	1,526	— (69°)	AE $\perp$ (010), auch // (010), auf (010) nα/a 5°
	Mikroklin	1,519	1,522	1,525	— (~ 80°)	AE ~ $\perp$ (010), auf (010) nα/a 5°, auf (001) 15—20°
	Anorthoklas	1,523	1,529	1,530	— (32—62°)	AE ~ $\perp$ (010), auf (010) nα / a 8—10°
	Plagioklase	1,528 bis	1,532 bis	1,538	+	AE ~ $\perp$ c bis ~ // c
		1,576	1,583	1,589	—	
60	Flußspat	1,434				
75	Gips	1,520	1,522	1,529	+ (58°)	AE (010), nγ / c 52° 30′
77	Glaubersalz	1,394	1,396	1,398	— (80°)	AE $\perp$ (010), nγ / c 31° Li
107	Glaukonit	~ 1,606	~ 1,633	~ 1,634	— (10—24°)	AE (010), nγ / a + 3°
105	Glimmer					
	Paragonit	~ 1,570	~ 1,596	~ 1,602	— (40—50°)	AE $\perp$ (010) ?, nβ ~ // a
	Muskovit	~ 1,556	~ 1,587	~ 1,593	— (30—45°)	AE $\perp$ (010), nα / c $^1/_2$—2°
	Phlogopit	~ 1,535	~ 1,564	~ 1,566	— (0—35°)	AE // (010), nα / c 2—4°
	Lepidolith	1,54	1,552	1,56	— (40—45°)	AE $\perp$ (010), nα / c 0—7°
	Zinnwaldit	1,55—1,57	1,57—1,60	1,58—1,61	— (0—35°)	AE (010), nα / c 0—2°
	Ottrelith	~ 1,72	1,72—1,74	~ 1,73	+ (36—60°)	AE (010), nγ / $\perp$ (001) 3—30°
	Margarit	1,632	1,645	1,647	— (0—67°)	AE $\perp$ (010), nα/ $\perp$ (001) 6—8°

Seite	Mineral (in alphabetischer Reihenfolge)	n / nω / nα	nε / nβ	nγ	Opt. Char. (2 V)	Optische Orientierung
90	Granate					
	Pyrop	~ 1,70				
	Almandin	~ 1,76—1,83				
	Spessartin	~ 1,80				
	Grossular	~ 1,74				
	Andradit	~ 1,89				
	Melanit	1,86—2,0				
38	Greenockit	2,506	2,529		+	
81	Grünbleierz	2,059	2,048		—	
102	Hornblenden					
	monoklin: Tremolit	1,60—1,62	1,61—1,63	1,62—1,64	— (75—88°)	AE (010), nγ / c 10—20°
	monoklin: Aktinolith	1,63—1,66	1,64—1,67	1,65—1,68	— (75—88°)	AE (010), nγ / c 10—20°
	monoklin: gem. Hornblende	1,61—1,68	1,62—1,71	1,63—1,75	— (60—88°)	AE (010), nγ / c 10—27°
	monoklin: bas. Hornblende	1,66—1,68	1,68—1,71	1,68—1,72	— (50—90°)	AE (010), nγ / c 0—15°
	monoklin: Arfvedsonit	~ 1,68	~ 1,68—1,70	~ 1,71	— (~ 90°)	AE (010), nα / c—10 — 18°
	monoklin: Riebeckit	~ 1,65	~ 1,695	~ 1,697	∓ (80—90°)	AE (010), auch ⊥ (010), nα / c — 1 bis 8°, z.T. bis — 20°
	monoklin: Glaukophan	~ 1,630	~ 1,646	~ 1,649	— (45—50°)	AE (010), nγ / c 4—8°
	Anthophyllit	1,60—1,64	1,61—1,66	1,62—1,67	∓ (~ 90°)	AE (010), nγ // c
57	Hydrargillit	~ 1,567	~ 1,567	1,589	+ (~ 0°)	AE (010), nγ / c ~ 25°
78	Kainit	1,495	1,506	1,520	— (85°)	AE (010), nα / c — 8°
71	Kalisalpeter	1,335	1,505	1,506	— (7°)	AE (010), nα // c
62	Kalkspat	1,658	1,486		—	
105	Kaolinit	1,55—1,56	1,56—1,57	1,56—1,57	— (20—50°)	AE ⊥ (010), nα / ⊥ (001) 1—3½°
73	Kernit	1,454	1,472	1,488	— (80°)	AE ⊥ (010), nγ//b, nα / c 70°
95	Kieselzinkerz	1,614	1,617	1,636	+ (46°)	AE (100), nγ // c
77	Kieserit	1,523	1,535	1,586	+ (57°)	AE (010), nγ/c — 14°
92	Klinozoisit	1,724	1,729	1,734	+ (85°)	AE(010), nα/c—2° bis—12°
28	Kobaltblüte	1,629	1,663	1,701	∓ (89°)	AE ⊥ (010), nγ / c 32°
40	Korund	1,769	1,761		—	

Seite	Mineral (in alphabetischer Reihenfolge)	n $n\omega$ $n\alpha$	$n\varepsilon$ $n\beta$	$n\gamma$	Opt. Char. (2 V)	Optische Orientierung
61	Kryolith	1,338	1,338	1,339	+ (43°)	$n\alpha$ // b, $n\gamma$ / c — 44°
70	Kupferlasur	1,730	1,758	1,838	+ (68°)	AE ⊥ (010), $n\gamma$ / c — 12½°
111	Leucit, β –	1,508	1,508	1,509	+	AE (100), $n\gamma$ // a
65	Magnesit	1,700	1,509		—	
70	Malachit	1,655	1,875	1,909	— (43°)	AE (010), $n\alpha$ / c 23°, n α ∼ ⊥ (001)
55	Manganit	2,25	2,25	2,53	+ (klein)	AE (010), $n\gamma$ / c 0—4°
67	Manganspat	1,814	1,596		—	
110	Melilith	1,63—1,66	1,64—1,67		±	
81	Mimetesit	2,145	2,129		—	
81	Monazit	1,796	1,797	1,841	+ (6—19°)	AE ⊥ (010), $n\gamma$ / c 2—6°
111	Nephelin	1,537	1,533		—	
28	Nickelblüte	1,622	1,658	1,687	— (84°)	AE ⊥ (010), $n\gamma$ / c 35½°
86	Olivine					
	Forsterit	1,635	1,651	1,670	+ (86°)	AE (001), $n\gamma$ // a
	Olivin	↓	↓	↓	— (90°)	von Fe O > 13% ab
	Fayalit	1,835	1,877	1,886	— (47°)	AE (001), $n\gamma$ // a
92	Orthit	∼ 1,72	∼ 1,74	∼ 1,76	— (groß)	AE (010), $n\alpha$ / c 22—40°
45	Perowskit	2,38				
86	Phenakit	1,654	1,670		+	
78	Polyhalit	1,547	1,562	1,567	— (60° ±)	
96	Prehnit	1,61—1,63	1,62—1,64	1,64—1,66	+ (66—69°)	AE (010), $n\alpha$ // a
99	Pyroxene					
	Enstatit	1,650	1,653	1,659	+ (∼ 45°)	AE (100), $n\gamma$ // c
	Bronzit	↓			— (90°)	von ∼ 10% Fe O ab
	Hypersthen	1,716	1,728	1,732	— (60°)	AE (100), $n\gamma$ // c
	Diopsid (rein)	1,664	1,671	1,694	+ (∼ 59°)	AE (010), $n\gamma$ / c 39°
	Diallag	1,69—1,74	1,70—1,77	1,71—1,78	+ (55—85°)	AE (010), $n\gamma$ / c 38—54°
	Augit gem. u. basalt.	1,69—1,74	1,70—1,77	1,71—1,78	+ (55—85°)	AE (010), $n\gamma$ / c 44—54°
	Ägirinaugit	∼ 1,74	∼ 1,77	∼ 1,78	— (∼ 70°)	AE (010), $n\alpha$ / c 15—35°

Seite	Mineral (in alphabetischer Reihenfolge)	n nω nα	nε nβ	nγ	Opt. Char. (2 V)	Optische Orientierung
	Ägirin	1,76—1,78	1,80—1,82	1,81—1,83	— (60—70°)	AE (010), nα / c ∼ 5°
	Jadeit	∼ 1,64	∼ 1,65	∼ 1,67	+ (70—72°)	AE (010), nγ / c 33—35°
	Spodumen	1,65—1,67	1,66—1,67	1,67—1,68	+ (54—68°)	AE (010), nγ / c 23—27°
46	Quarzgruppe					
	Quarz (<575° C)	1,544	1,553		+	
	Chalcedon					// Faser ∼ 1,532, ⊥ ∼ 1,538
	γ-Tridymit	1,469	1,469	1,473	+ (∼ 35°)	AE (100), nγ // c
	β-Cristobalit	1,487	1,484		—	
	Opal	1,45—1,3				
96	Rhodonit	1,72—1,73	1,73—1,74	1,73—1,74	+ (∼ 76°)	nβ / b ∼ 20°°, nγ'/c auf (010) ∼ 35°
53	Rutil	2,616	2,903		+	
60	Salmiak	1,643				
73	Sassolin	1,340	1,456	1,459	— (5—7°)	AE ∼ (010), nα ∼ // c
79	Scheelit	1,918	1,934		+	
16	Schwefel, α-	1,960	2,040	2,248	+ (69°)	AE (010), nγ // c
73	Schwerspat	1,636	1,637	1,648	+ (36°)	AE (010), nγ // a
108	Serpentine					
	Faserserpentin	1,51—1,54	∼ 1,54	1,52—1,56	+ (30—35°)	AE (010), nγ // c
	Blätterserpentin	1,560	1,570	1,571	— (∼ 60°)	AE (010), nα ⊥ (001)
38	Sillimanit	∼ 1,66	1,66—1,67	∼ 1,68	+ (25—30°)	AE (010), nγ // c
116	Skapolithe					
	Marialith	1,539	1,537		—	
	Mejonit	1,596	1,557		—	
112	Sodalithgruppe					
	Sodalith	∼ 1,483				
	Nosean	∼ 1,495				
	Hauyn	∼ 1,502				
	Lasurit	∼ 1,50				
44	Spinell	1,72—2,0				
89	Staurolith	1,73—1,74	1,74—1,75	1,75—1,76	+ (79—88°)	AE (100), nγ // c

Seite	Mineral (in alphabetischer Reihenfolge)	n nω nα	nε nβ	nγ	Opt. Char. (2 V)	Optische Orientierung
57	Steinsalz	1,544				
70	Strontianit	1,516	1,664	1,666	— (7—10°)	AE (010), nα // c
59	Sylvin	1,490				
104	Talk	~ 1,54	~ 1,58	~ 1,59	— (0—30°)	AE (100), nα ~ ⊥ (001)
94	Titanit	1,88—1,91	1,89—1,92	2,01—2,04	+ (23—34°)	AE (010), nγ / c 51°
89	Topas	1,60—1,62	1,61—1,63	1,62—1,64	+ (48—65°)	AE (010), nγ // c
82	Türkis	~ 1,61	~ 1,62	~ 1,65	+ (40°)	Ausl. auf $1\bar{1}0$ bis 12°
97	Turmalin	1,63—1,69	1,62—1,65		—	
95	Vesuvian	1,71—1,74	1,70—1,73		—	z. T. anomal zweiachsig
82	Vivianit	1,58	1,60	1,63	+ (80—90°)	AE ⊥ (010), nγ / c 28½°
87	Willemit	1,691	1,719		+	
69	Witherit	1,529	1,676	1,677	— (16°)	AE (010), nα // c
96	Wollastonit	1,619	1,632	1,634	— (35—40°)	AE (010), nα / c 32°
78	Wulfenit	2,405	2,283		—	
117	Zeolithe					
	Chabasit	~ 1,482	~ 1,480		—	
	Desmin	1,49—1,50	~ 1,50	1,50—1,51	— (33°)	AE (010), nα / a 5°
	Harmotom	1,503	1,505	1,508	+ (43°)	AE ⊥ (010), nγ / c 25—28°
	Heulandit	~ 1,49	~ 1,50	~ 1,51	+ (0—55°)	AE ⊥ (010), nβ / c ~ 6°
	Laumontit	~ 1,51	~ 1,52	~ 1,52	— (~ 54°)	AE (010), nγ / c 20—40°
	Natrolith	1,480	1,482	1,493	+ (60—63°)	AE (010), nγ // c
	Mesolith	~ 1,504	~ 1,505	~ 1,505	+ (80°)	AE ⊥ (010), nγ ~ // a
	Skolezit	1,512	1,518	1,519	— (36—56°)	AE ⊥ (010), nα / c 15—18°
	Phillipsit	~ 1,48—?	1,48—1,57	~ 1,53—?	+ (60—80°)	AE ⊥ (010), nγ / a 10—30°
	Thomsonit	1,51—1,53	1,51—1,53	1,52—1,54	+ (47—75°)	AE (001), nγ // b
36	Zinkblende	2,369				
67	Zinkspat	1,849	1,621		—	
38	Zinnober	2,913	3,272		+	
52	Zinnstein	1,997	2,093		+	
93	Zirkon	1,92—1,96	1,96—2,01		+	
92	Zoisit	1,702	1,703	1,706	+ (30—60°)	AE (010), selt. (001), nγ // a

Register

Vom gleichen Verfasser erscheint:

Band I: **Allgemeine Mineralogie**

9. Auflage. Mit 107 Figuren, 1 Tafel und 2 Tabellen. 104 Seiten. 1955. DM 2,40 • *Band 29*

F. LOTZE

Geologie

Mit 80 Abbildungen. 176 Seiten. 1955. DM 2,40 • *Band 13*

M. HENGLEIN

Lötrohrprobierkunde

Mineraldiagnose mit Lötrohr und Tüpfelreaktion

3., verbesserte Auflage. Mit 11 Figuren. 91 Seiten. 1949. DM 2,40 • *Band 483*

H. HUTTENLOCHER

Mineral- und Erzlagerstättenkunde

I: Mit 34 Abbildungen. 128 Seiten. 1954. DM 2,40
II: Mit 48 Abbildungen. 156 Seiten. 1954. DM 4,80
• *Band 1014 und 1015/1015a*

BRUHNS-RAMDOHR

Kristallographie

4. Auflage. Mit 163 Abbildungen. 106 Seiten. 1954. DM 2,40 • *Band 210*

WALTER DE GRUYTER & CO. / BERLIN W 35

Mineralien
in reicher Auswahl als einzelne Sammlungsbelegstücke und für Ausstellungszwecke

Mineraliensammlungen
Systematische Sammlungen, Zusammenstellungen technisch wichtiger Mineralien und Übungssammlungen

Edelsteinsammlungen

Meteoriten
Originalfunde und Abgüsse vollständiger Blöcke

Sammlungen natürlicher Kristalle

Lötrohrausrüstungen
und Zusammenstellungen von
Lötrohrmineralien

Mineralien nach Gewicht
für Untersuchungszwecke und Übungen

Mineralogische Arbeitsgeräte
Hämmer, Lupen, Härteprüfer, Goniometer u. a.

Sammlungsbedarf
Pappkästchen, Etiketten, Reinigungsbürsten, Schränke u. a.

Dr. F. KRANTZ
RHEINISCHES MINERALIEN-KONTOR
BONN · HERWARTHSTRASSE 36

HINTZE-CHUDOBA

Handbuch der Mineralogie

Ergänzungsband II

Neue Mineralien und neue Mineralnamen
(Mit Nachträgen, Richtigstellungen und Ergänzungen)

Zusammengestellt und herausgegeben von
DR. KARL F. CHUDOBA

Groß-Oktav.
Lieferung 1–5 je 80 Seiten. 1954/55.
Preis pro Lieferung DM 22,—
Lieferung 6: Etwa 110 Seiten. 1955.
Etwa DM 24,—
Einbanddecke dazu DM 9,50

Seit dem Erscheinen des ersten Ergänzungsbandes, eines Buches, das jeder, der sich mit mineralogischen, chemischen, berg- und hüttenmännischen Arbeiten befaßt, unbedingt besitzen muß, haben sich so viele neue Ergebnisse auf dem Gebiet der Mineralogie und der Grenzgebiete ergeben, daß das Erscheinen eines weiteren Ergänzungsbandes unbedingt erforderlich war. Auch bei diesem hat K. F. Chudoba in mühevoller Arbeit die gesamte Weltliteratur durchgearbeitet, deren Niederschlag nunmehr in diesem Band zum Ausdruck kommt.

WALTER DE GRUYTER & CO. / BERLIN W 35

GESAMTVERZEICHNIS

SAMMLUNG GÖSCHEN

DAS WISSEN DER WELT IN KURZEN, KLAREN, ALLGEMEINVERSTÄNDLICHEN EINZELDARSTELLUNGEN NACH DEN LEHRPLÄNEN DER DEUTSCHEN UNIVERSITÄTEN UND HOCHSCHULEN AUFGEBAUT

JEDER BAND DM 2,40

DOPPELBAND DM 4,80

STAND MAI 1955

WALTER DE GRUYTER & CO.

BERLIN W 35

INHALTSVERZEICHNIS

Geisteswissenschaften

Philosophie · Pädagogik · Psychologie · Soziologie

Einführung in die Philosophie von *H. Leisegang*. 2. Auflage. 145 Seiten. 1953 . . . . Bd. 281

Erkenntnistheorie von *G. Kropp*. 1. Teil: Allgemeine Grundlegung. 143 Seiten. 1950 . . . . Bd. 807

Hauptprobleme der Philosophie von *G. Simmel*†. 7., unveränd. Auflage. 177 Seiten. 1950 . . . . Bd. 500

Geschichte der Philosophie

I: Die griechische Philosophie von *W. Capelle*. 1. Teil. Von Thales bis Leukippos. 2., erweiterte Auflage. 135 Seiten. 1953 . . . . Bd. 857

II: Die griechische Philosophie von *W. Capelle*. 2. Teil. Von der Sophistik bis zum Tode Platons. 2., stark erweiterte Auflage. 144 Seiten. 1953 . . . . Bd. 858

III: Die griechische Philosophie von *W. Capelle*. 3. Teil. Vom Tode Platons bis zur Alten Stoa. 2., stark erweiterte Auflage. 132 Seiten. 1954 . . . . . Bd. 859

IV: Die griechische Philosophie von *W. Capelle*. 4. Teil. Von der Alten Stoa bis zum Eklektizismus im 1. Jahrhundert v. Chr. 2., stark erweiterte Auflage. 132 Seiten. 1954 . . . . Bd. 863

V: Die Philosophie des Mittelalters von *J. Koch*. In Vorbereitung . . . . Bd. 826

VI: Von der Renaissance bis Kant von *K. Schilling*. 234 Seiten. 1954 . . . . Bd. 394 / 394a

VII: Immanuel Kant von *G. Lehmann*. In Vorbereitung . Bd. 536

VIII: Die Philosophie des 19. Jahrhunderts von *G. Lehmann*. 1. Teil. 151 Seiten. 1953 . . . . Bd. 571

IX: Die Philosophie des 19. Jahrhunderts von *G. Lehmann*. 2. Teil. 168 Seiten. 1953 . . . . Bd. 709

X: Die Philosophie im ersten Drittel des 20. Jahrhunderts von *G. Lehmann*. In Vorbereitung . . . . . Bd. 845

Die geistige Situation der Zeit (1931) von *K. Jaspers*. 3., unveränderter Abdruck der 1932 bearbeiteten 5. Auflage. 211 Seiten. 1953 . . . . Bd. 1000

Philosophisches Wörterbuch von *M. Apel* †. 4., unveränderte Auflage. 260 Seiten. 1953 . . . . Bd. 1031

Philosophische Anthropologie von *M. Landmann*. In Vorbereitung . . . . Bd. 156/156a

Geschichte der Pädagogik von *H. Weimer*. 11., neubearbeitete und vermehrte Auflage. 176 Seiten. 1954 . . . . . . Bd. 145

Therapeutische Psychologie. Freud — Adler — Jung von *W. M. Kranefeldt*. Mit einer Einführung von *C. G. Jung*. 2. Auflage. 152 Seiten. 1950 . . . . Bd. 1034

Soziologie. Geschichte und Hauptprobleme von *L. von Wiese*. 5. Auflage. 162 Seiten. 1954 . . . . Bd. 110

Religionswissenschaften

Jesus von *M. Dibelius* †. 2. Auflage. Unveränderter Nachdruck. 137 Seiten. 1949 . . . . Bd. 1130

Paulus von *M. Dibelius* †. Nach dem Tode des Verfassers herausgegeben und zu Ende geführt von *W. G. Kümmel*. 155 Seiten. 1951 . . . . Bd. 1160

Musik

Musikästhetik von *H. J. Moser*. 180 Seiten. 1953 . . . . Bd. 344

Systematische Modulation von *R. Hernried*. 2. Auflage. 136 Seiten. 1950 . . . . Bd. 1094

Der polyphone Satz von *E. Pepping*. 1. Teil: Der cantus-firmus-Satz. 2. Auflage. 223 Seiten. 1950 . . . . Bd. 1148

Harmonielehre von *H. J. Moser*.
I: 109 Seiten. 1954 . . . . Bd. 809

Technik der deutschen Gesangskunst von *H. J. Moser*. Dritte, durchges. u. verbesserte Auflage. 144 Seiten mit 5 Fig. 1954 . . . . Bd. 576/576a

Die Kunst des Dirigierens von *H. W. von Waltershausen*. 2. Auflage. 138 Seiten. 1954 . . . . Bd. 1147

Die Technik des Klavierspiels aus dem Geiste des musikalischen Kunstwerkes von *K. Schubert* †. 3. Auflage. 110 Seiten. 1954 . . . . Bd. 1045

Die Musik des 19. Jahrhunderts von *W. Oehlmann*. 180 Seiten. 1953 . . . . Bd. 170

Allgemeine Musiklehre von *H. J. Moser*.
2., durchges. Auflage. 155 Seiten. 1955. . . . . . Bd. 220/220a

Kunst

Stilkunde von *H. Weigert*.
I: Vorzeit, Antike, Mittelalter. 2. Auflage. 136 Seiten. Mit 94 Abbildungen. 1953 . . . . Bd. 80
II: Spätmittelalter und Neuzeit. 2. Auflage. 146 Seiten. Mit 84 Abbildungen. 1953 . . . . Bd. 781

Geschichte

Einführung in die Geschichtswissenschaft von *P. Kirn*. 2. Auflage. 121 Seiten. 1952 . . . . Bd. 270

Archäologie von *A. Rumpf*.
I: Einleitung, historischer Überblick. 143 Seiten mit 6 Abbildungen im Text und 12 Tafeln. 1953 . . . . . Bd. 538
II: In Vorbereitung . . . . Bd. 539

Kultur der Urzeit von *F. Behn*. 4. Auflage der „Kultur der Urzeit". Band I–III von *M. Hoernes*.
I: Die vormetallischen Kulturen. (Die Steinzeiten Europas. Gleichartige Kulturen in anderen Erdteilen). 172 Seiten mit 48 Abbildungen. 1950 . . . . Bd. 564
II: Die älteren Metallkulturen. (Der Beginn der Metallbenutzung. Kupfer- und Bronzezeit in Europa, im Orient und in Amerika). 160 Seiten mit 67 Abbildungen. 1950 Bd. 565
III: Die jüngeren Metallkulturen. (Das Eisen als Kulturmetall. Hallstatt-Latène-Kultur in Europa. Das erste Auftreten des Eisens in den anderen Erdteilen). 149 Seiten mit 60 Abbildungen. 1950. . . . . Bd. 566

Vorgeschichte Europas von *F. Behn*. Völlig neue Bearbeitung der 7. Auflage der „Urgeschichte der Menschheit" von *M. Hoernes*. 125 Seiten mit 47 Abbildungen. 1949 . . . Bd. 42

Von den Karolingern zu den Staufern von *J. Haller*. Die altdeutsche Kaiserzeit (900–1250). 3. Auflage. 141 Seiten mit 4 Karten. 1944 . . . . Bd. 1065

Deutsche Geschichte im Zeitalter der Reformation, der Gegenreformation und des 30jährigen Krieges von *F. Hartung.* 129 Seiten. 1951 . . . . Bd. 1105

Quellenkunde der deutschen Geschichte im Mittelalter (bis zur Mitte des 15. Jahrhunderts) von *K. Jacob†.*

I: Einleitung. Allgemeiner Teil. Die Zeit der Karolinger. 5. Auflage. 118 Seiten. 1949 . . . . Bd. 279

II: Die Kaiserzeit (911 – 1250). 4. Auflage. 127 Seiten. 1949 . . . . Bd. 280

III: Das Spätmittelalter (vom Interregnum bis 1500). Unter Verwendung der Hinterlassenschaft herausgegeben von *F. Weden.* 152 Seiten. 1952 . . . . Bd. 284

Badische Geschichte von A. Krieger. 137 Seiten. 1921 . . . . Bd. 230

Geschichte Englands von *H. Preller.*

I: bis 1815. 3., stark umgearbeitete Auflage. 135 Seiten mit 7 Stammtafeln und 2 Karten im Text. 1952 . . . . Bd. 375

II: von 1815 bis 1910. 2., völlig umgearb. Auflage. 118 S. mit 1 Stammtafel und 7 Karten im Text. 1954 . . . Bd. 1088

Geschichte der Vereinigten Staaten von Amerika von *O., Graf zu Stolberg-Wernigerode.* In Vorbereitung . . . Bd. 1051/1051a

Deutsche Sprache und Literatur

Deutsches Rechtschreibungswörterbuch von *M. Gottschald.* 2., verbesserte Auflage. 269 Seiten. 1953 . . . . Bd. 200/200a

Deutsche Wortkunde von *A. Schirmer.* Eine kulturgeschichtliche Betrachtung des deutschen Wortschatzes. 3., durchgesehene Auflage. 109 Seiten. 1949 . . . . Bd. 929

Deutsche Sprachlehre von *W. Hofstaetter.* 9., neubearbeitete Auflage von *G. Spree.* 144 Seiten. 1953 . . . . Bd. 20

Stimmkunde für Beruf, Kunst und Heilzwecke von *H. Biehle.* 111 Seiten. 1955 . . . . Bd. 60

Redetechnik von *H. Biehle.* Einführung in die Rhetorik. 115 Seiten. 1954 . . . . Bd. 61

Sprechen und Sprachpflege von *H. Feist.* (Die Kunst des Sprechens). 2., verbesserte Auflage. 99 Seiten mit 25 Abbildungen. 1952 . . . . Bd. 1122

Deutsches Dichten und Denken von der germanischen bis zur staufischen Zeit von *H. Naumann.* (Deutsche Literaturgeschichte vom 5.–13. Jahrhundert). 2., verbesserte Auflage. 166 Seiten. 1952 . . . . Bd. 1121

Deutsches Dichten und Denken vom Mittelalter zur Neuzeit von *G. Müller* (1270–1700). 2., durchgesehene Auflage. 159 Seiten. 1949 . . . . Bd. 1086

Deutsches Dichten und Denken von der Aufklärung bis zum Realismus von *K. Viëtor* (Deutsche Literaturgeschichte von 1700–1890). 2., durchgesehene Auflage. 156 Seiten. 1949 . . . . Bd. 1096

Der Nibelunge Nôt in Auswahl mit kurzem Wörterbuch von *K. Langosch.* 9., umgearbeitete Auflage. 164 Seiten. 1953 . . . . Bd. 1

Die deutschen Personennamen von *M. Gottschald.* 2., verbesserte Auflage. 151 Seiten. 1955 . . . . Bd. 422

Indogermanisch · Germanisch

Gotisches Elementarbuch von *H. Hempel.* Grammatik, Texte mit Übersetzung und Erläuterungen. 2., umgearbeitete Auflage. 165 Seiten. 1953 . . . . Bd. 79

Germanische Sprachwissenschaft von *H. Krahe.* 2. Auflage.
II: Formenlehre. 140 Seiten. 1948 . . . . Bd. 780

Althochdeutsches Elementarbuch von *H. Naumann* † und *W. Betz.* 2. Auflage. 156 Seiten. 1954 . . . . Bd. 1111

Mittelhochdeutsches Elementarbuch von *H. de Boor.* In Vorbereitung . . . . Bd 1108

Altnordisches Elementarbuch von *F. Ranke.* Schrifttum, Sprache, Texte mit Übersetzung und Wörterbuch. 2., durchgesehene Auflage. 146 Seiten. 1949 . . . . . Bd. 1115

Englisch · Französisch · Italienisch

Altenglisches Elementarbuch von *M. Lehnert.* Einführung, Grammatik, Texte mit Übersetzung und Wörterbuch. 3., verbesserte Auflage. 178 Seiten. 1955 . . . . . . Bd. 1125

Englische Literaturgeschichte.
I: Die alt- und mittelenglische Periode von *F. Schubel.* 163 Seiten. 1954 . . . . Bd. 1114
II: Von der Renaissance bis zur Aufklärung von *Paul Meissner*†. 139 Seiten. 1937 . . . . Bd. 1116
III: Romantik und Viktorianismus von *Paul Meissner*†. 150 Seiten. 1938 . . . . Bd. 1124
IV: Das 20. Jahrhundert von *Paul Meissner*†. 150 Seiten. 1939 . . . . Bd. 1136

Beowulf von *M. Lehnert.* Eine Auswahl mit Einführung, teilweiser Übersetzung, Anmerkungen und etymologischem Wörterbuch. 2., verbesserte Auflage. 135 Seiten. 1949 Bd. 1135

Shakespeare von *P. Meissner*†. 2. Auflage, neubearbeitet von M. Lehnert. 136 Seiten. 1954 . . . . Bd. 1142

Romanische Sprachwissenschaft von *H. Lausberg.*
I: Einleitung und Vokalismus. In Vorbereitung . . . . Bd. 128
II: Konsonantismus. In Vorbereitung . . . . Bd. 250

Italienische Literaturgeschichte von *K. Vossler.* Unveränderter Nachdruck der 1927 erschienenen 4., durchgesehenen und verbesserten Auflage. 148 Seiten. 1948 . . . . Bd. 125

Griechisch · Lateinisch

Griechische Sprachwissenschaft von *W. Brandenstein.*
I: Einleitung, Lautsystem, Etymologie. 160 Seiten. 1954 Bd. 117

Geschichte der griechischen Sprache
I: Bis zum Ausgang der klassischen Zeit. Von *O. Hoffmann*†. 3., umgearbeitete Auflage von *A. Debrunner.* 156 Seiten. 1954 . . . . Bd. 111
II: Grundfragen und Grundzüge d. nachklass. Griechisch. Von *A. Debrunner.* 144 Seiten. 1954 . . . . Bd. 114

Geschichte der griechischen Literatur von *W. Nestle.* 2., verbesserte Auflage.
I: Von den Anfängen bis auf Alexander d. Gr. 148 Seiten 1950 . . . . Bd. 70
II: Von Alexander d. Gr. bis zum Ausgang der Antike. 128 Seiten. 1948 . . . . Bd. 557

Geschichte der lateinischen Sprache von *F. Stolz* †. 3., stark umgearbeitete Auflage von *A. Debrunner*. 136 Seiten. 1953 . . . . Bd. 492

Hebräisch · Sanskrit · Russisch

Hebräische Grammatik von *G. Beer*†. 2., völlig neubearbeitete Auflage von *R. Meyer*.
I: Schrift-, Laut- und Formenlehre I. 157 Seiten. 1952. Bd. 763/763a
II: Schrift-, Laut- und Formenlehre II. 195 Seiten. 1955 . . . . Bd. 764/764a

Sanskrit-Grammatik von *M. Mayrhofer*. 89 Seiten. 1953 . . . Bd. 1158

Russische Grammatik von *G. Berneker*. 6., unveränderte Auflage von *M. Vasmer*. 155 Seiten. 1947 . . . . Bd. 66

Erd- und Länderkunde

Afrika von *F. Jaeger*. Ein geographischer Überblick. 2., umgearbeitete Auflage.
I: Der Lebensraum. 179 Seiten mit 18 Abbildungen. 1954 Bd. 910
II: Mensch und Kultur. 155 Seiten mit 6 Abbildungen. 1954 Bd. 911

Australien und Ozeanien von *H. J. Krug*. 176 Seiten mit 46 Skizzen. 1953 . . . . Bd. 319

Kartenkunde von *M. Eckert-Greifendorff*†. 3., durchgesehene Auflage von *W. Kleffner*. 149 Seiten mit 63 Abb. 1950 Bd. 30

Volkswirtschaft · Publizistik

Allgemeine Betriebswirtschaftslehre von *K. Mellerowicz*. 8., unveränderte Auflage.
I: 142 Seiten. 1954 . . . . Bd. 1008
II: 112 Seiten. 1954 . . . . Bd. 1153
III: 143 Seiten. 1954 . . . . Bd. 1154

Allgemeine Volkswirtschaftslehre von *A. Paulsen*.
I: In Vorbereitung . . . . Bd. 1169

Zeitungslehre von *E. Dovifat*. 3., neubearbeitete Auflage. 1955.
I: 148 Seiten. 1955 . . . . Bd. 1039
II: 158 Seiten. 1955 . . . . Bd. 1040

Naturwissenschaften

Mathematik

Geschichte der Mathematik von *J. E. Hofmann.*
I: Von den Anfängen bis zum Auftreten von Fermat und Descartes. 200 Seiten. 1953 . . . . Bd. 226
Mathematische Formelsammlung von *F. Ringleb.* Vollständig umgearbeitete Neuausgabe des Werkes von *O. Th. Bürklen.* 6., durchgesehene Aufl. 274 Seiten mit 57 Figuren. 1955. In Vorbereitung . . . . Bd. 51
Fünfstellige Logarithmen von *A. Adler.* Mit mehreren graphischen Rechentafeln und häufig vorkommenden Zahlwerten. 2. Auflage. Neudruck. 127 Seiten mit 1 Tafel. 1949 . . . . Bd. 423
Höhere Algebra von *H. Hasse.* 3., verbesserte Auflage.
I: Lineare Gleichungen. 152 Seiten. 1951 . . . . Bd. 931
II: Gleichungen höheren Grades. 158 Seiten mit 5 Figuren. 1951 . . . . Bd. 932
Aufgabensammlung zur höheren Algebra von *H. Hasse* und *W. Klobe.* 2., verbesserte und vermehrte Auflage. 181 Seiten. 1952 . . . . Bd. 1082
Elementare und klassische Algebra vom modernen Standpunkt von *W. Krull.* 2., erweiterte Auflage.
I: 136 Seiten. 1952 . . . . Bd. 930
Einführung in die Zahlentheorie von *A. Scholz*†. 2. Auflage, überarbeitet von *B. Schoeneberg.* 128 Seiten. 1955. . . Bd. 1131
Gruppentheorie von *L. Baumgartner.* 2. Auflage. 115 Seiten mit 6 Figuren. 1949 . . . . Bd. 837
Funktionentheorie von *K. Knopp.* 8. Auflage.
I: Grundlagen der allgemeinen Theorie der analytischen Funktionen. 139 Seiten mit 8 Fig. 1955 . . . . . . Bd. 668
II: Anwendungen und Weiterführung der allgemeinen Theorie. 130 Seiten mit 7 Fig. 1955 . . . . Bd. 703
Aufgabensammlung zur Funktionentheorie von *K. Knopp.* 4. Auflage.
I: Aufgaben zur elementaren Funktionentheorie. 135 Seiten. 1949 . . . . Bd. 877
II: Aufgaben zur höheren Funktionentheorie. 151 Seiten. 1949 . . . . Bd. 878
Elemente der Funktionentheorie von *K. Knopp.* 4. Auflage. 144 Seiten mit 23 Fig. 1955 . . . . Bd. 1109
Differentialrechnung von *A. Witting*†. 3., neubearbeitete Auflage. Durchgesehener Neudruck. 201 Seiten mit 95 Figuren und 200 Beispielen. 1949 . . . . Bd. 87

Repetitorium und Aufgabensammlung zur Differentialrechnung von *A. Witting*†. 2., neubearbeitete Auflage. Durchgesehener Neudruck. 145 Seiten. 1949 . . . . Bd. 146

Integralrechnung von *A. Witting*†. 2., verbesserte Auflage. Durchgesehener Neudruck. 176 Seiten mit 62 Figuren und 190 Beispielen. 1949 . . . . Bd. 88

Repetitorium und Aufgabensammlung zur Integralrechnung von *A. Witting*†. 2., neubearbeitete Auflage. Durchgesehener Neudruck. 121 Seiten mit 32 Figuren und 309 Beispielen. 1949. . . . . Bd. 147

Gewöhnliche Differentialgleichungen von *G. Hoheisel*. 4., neubearbeitete Auflage. 129 Seiten. 1951 . . . . Bd. 920

Partielle Differentialgleichungen von *G. Hoheisel*. 3., neubearbeitete Auflage. 130 Seiten. 1953 . . . . Bd. 1003

Aufgabensammlung zu den gewöhnlichen und partiellen Differentialgleichungen von *G. Hoheisel*. 2., umgearbeitete Auflage. 124 Seiten. 1952 . . . . Bd. 1059

Mengenlehre von *E. Kamke*. 3. Auflage. In Vorbereitung. Bd. 999/999a

Darstellende Geometrie von *W. Haack*.

I: Die wichtigsten Darstellungsmethoden. Grund- und Aufriß ebenflächiger Körper. 110 Seiten mit 117 Abbildungen. 1954 . . . . Bd. 142

II: Körper mit krummen Begrenzungsflächen. Kotierte Projektionen. 129 Seiten mit 86 Abbildungen. 1954 . . Bd. 143

Sammlung von Aufgaben und Beispielen zur analytischen Geometrie der Ebene von *R. Haussner*. Mit den vollständigen Lösungen. 139 Seiten mit 22 Figuren im Text. Neudruck. 1949 . . . . Bd. 256

Nichteuklidische Geometrie von *R. Baldus*†. Hyperbolische Geometrie der Ebene. 3., verbesserte Auflage, durchgesehen und herausgegeben von *F. Löbell*. 140 Seiten mit 70 Figuren im Text. 1953 . . . . Bd. 970

Differentialgeometrie von *K. Strubecker* (früher Rothe).

I: Kurventheorie der Ebene und des Raumes. 150 Seiten mit 18 Figuren. 1955 . . . . Bd. 1113/1113a

Einführung in die konforme Abbildung von *L. Bieberbach*. 4. Auflage. 147 Seiten mit 42 Zeichnungen. 1949 . . . Bd. 768

Vektoranalysis von *S. Valentiner*. Neudruck der 7. Auflage (1950). 138 Seiten mit 19 Figuen. 1954 . . . . Bd. 354

Vermessungskunde von *P. Werkmeister*.

I: Stückmessung und Nivellieren. 9. Auflage. 165 Seiten mit 145 Figuren. 1949 . . . . Bd. 468

II: Messung von Horizontalwinkeln. Festlegung von Punkten im Koordinatensystem. Absteckungen. 7. Auflage. 151 Seiten mit 93 Figuren. 1949 . . . . Bd. 469

III: Trigonometrische und barometrische Höhenmessung. Tachymetrie und Topographie. 6. Auflage. 147 Seiten mit 64 Figuren. 1949 . . . . Bd. 862

Versicherungsmathematik von *F. Böhm*.

I: Elemente der Versicherungsrechnung. 3., vermehrte und verbesserte Auflage. Durchgesehener Neudruck. 151 Seiten. 1954. Bd. 180

II: Lebensversicherungsmathematik. Einführung in die technischen Grundlagen der Sozialversicherung. 2., verbesserte Auflage. 205 Seiten. 1953 . . . . Bd. 917/917a

Physik

Einführung in die theoretische Physik von *W. Döring.*
I: Mechanik. 119 Seiten mit 29 Abbildungen. 1954 . . . Bd. 76
II: Das elektromagnetische Feld. 123 Seiten mit 15 Abbildungen. 1955 . . . . Bd. 77
III: Optik. Mit 35 Abbildungen. 1955. In Vorbereitung . . Bd. 78

Atomphysik von *K. Bechert* u. *Ch. Gerthsen.* 3., umgearb. Aufl.
I: Allgemeine Grundlagen. I. Teil von *Ch. Gerthsen.* 123 Seiten mit 35 Abbildungen. 1955 . . . . Bd. 1009
II: Allgemeine Grundlagen. II. Teil von *Ch. Gerthsen.* 112 Seiten mit 48 Abbildungen. 1955. . . . . Bd. 1033
III: Theorie des Atombaus. 1. Teil von *K. Bechert.* 148 Seiten mit 16 Abbildungen. 1954 . . . . Bd. 1123/1123a
IV: Theorie des Atombaus. 2. Teil von *K. Bechert.* 170 Seiten mit 14 Abbildungen. 1954 . . . . Bd. 1165/1165a

Differentialgleichungen der Physik von *F. Sauter.* 2. Auflage. 148 Seiten mit 16 Figuren. 1950 . . . . Bd. 1070

Physikalische Formelsammlung von *G. Mahler* und *K. Mahler.* 9. Auflage. 1955. In Vorbereitung. . . . . Bd. 136

Physikalische Aufgabensammlung von *G. Mahler* u. *K. Mahler.* Mit den Ergebnissen. 8. Aufl. 1955. In Vorbereitung Bd. 243

Chemie

Geschichte der Chemie von *G. Lockemann.* In kurzgefaßter Darstellung.
I: Vom Altertum bis zur Entdeckung des Sauerstoffs. 142 Seiten mit 8 Bildnissen. 1950 . . . . Bd. 264
II: Von der Entdeckung des Sauerstoffs bis zur Gegenwart. 151 Seiten mit 16 Bildnissen. 1955 . . . . . . Bd. 265/265a

Anorganische Chemie von *W. Klemm.* 8. Auflage. 184 Seiten mit 18 Abbildungen. 1954 . . . . Bd. 37

Organische Chemie von *W. Schlenk.* 6., erweiterte Auflage. 263 Seiten. 1954 . . . . Bd. 38/38a

Allgemeine und physikalische Chemie von *W. Schulze.*
I: 1955. In Vorbereitung . . . . Bd. 71
II: 1955. In Vorbereitung . . . . Bd. 698
III: Molekülbau. 1955. In Vorbereitung . . . . Bd. 786

Analytische Chemie von *J. Hoppe.* 5., verbesserte Auflage.
I: Reaktionen. 135 Seiten. 1950 . . . . Bd. 247
II: Gang der qualitativen Analyse. 166 Seiten. 1950 . . . Bd. 248

Maßanalyse von *G. Jander* und *K. F. Jahr.* Theorie und Praxis der klassischen und der elektrochemischen Titrierverfahren. 7. Auflage.
I: 1955. In Vorbereitung . . . . Bd. 221
II: 1955. In Vorbereitung . . . . Bd. 1002

Thermochemie von *W. A. Roth.* 2., verbesserte Auflage. 109 Seiten mit 16 Figuren. 1952 . . . . Bd. 1057

Physikalisch-chemische Rechenaufgaben von *E. Asmus,* 2. Auflage. 96 Seiten. 1949 . . . . Bd. 445

Stöchiometrische Aufgabensammlung von *W. Bahrdt* und *R. Scheer.* Mit den Ergebnissen. 5., verbesserte Auflage. 120 Seiten. 1952 . . . . Bd. 452

Elektrochemie und ihre physikalisch-chemischen Grundlagen von *A. Dassler.*
I: 149 Seiten mit 21 Abbildungen. 1950 . . . . Bd. 252
II: 178 Seiten mit 17 Abbildungen. 1950 . . . . Bd. 253

Technologie

Warenkunde von *K. Hassak*† und *E. Beutel*†. 7. Auflage. Neubearbeitet von *A. Kutzelnigg*.
I: Anorganische Waren sowie Kohle und Erdöl. 116 Seiten mit 19 Figuren. 1947 . . . . Bd. 222
II: Organische Waren. 143 Seiten mit 32 Figuren. 1949 . . Bd. 223

Die Fette und Öle von *K. Braun*†. 5., völlig neubearbeitete und verbesserte Auflage von *Th. Klug*. 145 Seiten. 1950 . . Bd. 335

Die Seifenfabrikation von *K. Braun*†. 3., neubearbeitete und verbesserte Auflage von *Th. Klug*. 116 Seiten mit 18 Abbildungen. 1953 . . . . Bd. 336

Textilindustrie.
I: Spinnerei und Zwirnerei von *A. Blümcke*. 112 Seiten mit 43 Abbildungen. 1954 . . . . Bd. 184

Biologie

Hormone von *G. Koller*. 2., neubearbeitete und erweiterte Auflage. 187 Seiten mit 60 Abbildungen und 19 Tabellen. 1949 . . . . Bd. 1141

Fortpflanzung im Tier- und Pflanzenreich von *J. Hämmerling*. 2., ergänzte Auflage. 135 Seiten mit 101 Abbildungen. 1951 . . . . Bd. 1138

Geschlecht und Geschlechtsbestimmung im Tier- und Pflanzenreich von *M. Hartmann*. 2., verbesserte Auflage. 116 Seiten mit 61 Abbildungen und 7 Tabellen. 1951 . Bd. 1127

Grundriß der allgemeinen Mikrobiologie von *W. Schwartz*.
I: 104 Seiten mit 17 Abbildungen. 1949 . . . . . . Bd. 1155
II: 93 Seiten mit 12 Abbildungen. 1949 . . . . Bd. 1157

Symbiose der Tiere mit pflanzlichen Mikroorganismen von *P. Buchner*. 2., verbesserte und vermehrte Auflage. 130 Seiten mit 121 Abbildungen. 1949 . . . . Bd. 1128

Botanik

Entwicklungsgeschichte des Pflanzenreiches von *H. Heil*. 2. Auflage. 138 Seiten mit 94 Abbildungen und 1 Tabelle. 1950 Bd. 1137

Morphologie der Pflanzen von *L. Geitler*. 3. Auflage. 126 Seiten mit 114 Abbildungen. 1953 . . . . Bd. 141

Pflanzenzüchtung von *H. Kuckuck*. 3., völlig umgearbeitete Auflage.
I: Grundzüge der Pflanzenzüchtung. 132 Seiten mit 22 Abbildungen. 1952 . . . . Bd. 1134

Die Laubhölzer von *F. W. Neger*† und *E. Münch*†. Kurzgefaßte Beschreibung der in Mitteleuropa gedeihenden Laubbäume und Sträucher. 3., durchgesehene Auflage, herausgegeben von *B. Huber*. 143 Seiten mit 63 Figuren und 7 Tabellen. 1950 . . . . Bd. 718

Die Nadelhölzer (Koniferen) und übrigen Gymnospermen von *F. W. Neger*† und *E. Münch*†. 4. Auflage. Durchgesehen und ergänzt von *B. Huber*. 140 Seiten mit 75 Figuren, 4 Tabellen und 3 Karten. 1952 . . . . Bd. 355

Zoologie

Entwicklungsphysiologie der Tiere von *F. Seidel.*
I: Ei und Furchung. 126 Seiten mit 29 Abbildungen. 1953 . . . . Bd. 1162
II: Körpergrundgestalt und Organbildung. 159 Seiten mit 42 Abbildungen. 1953 . . . . Bd. 1163

Das Tierreich.
Fische von *D. Lüdemann.* 130 Seiten mit 65 Abbildungen. 1955. . . . . Bd. 356
Insekten von *H. von Lengerken.* 128 Seiten mit 58 Abbildungen. 1953 . . . . Bd. 594
Lurche von *K. Herter.* 140 Seiten mit 129 Abbild. 1955 Bd. 847
Spinnentiere von *A. Kaestner.* 96 S. mit 55 Abb. 1955. Bd. 1161
Würmer von *S. Jaeckel.* 112 Seiten mit 36 Abbild. 1955 Bd. 439
Weichtiere von *S. Jaeckel.* 92 Seiten mit 34 Abbildungen. 1954 . . . . Bd. 440
Stachelhäuter von *S. Jaeckel.* 1955 . In Vorbereitung . . . . Bd. 441

Vergleichende Physiologie der Tiere von *K. Herter.* 3. Auflage der „Tierphysiologie".
I: Stoff- und Energiewechsel. 155 Seiten mit 64 Abbild. 1950 . . . . Bd. 972
II: Bewegung und Reizerscheinungen. 148 Seiten mit 110 Abbildungen. 1950 . . . . Bd. 973

Land- und Forstwirtschaft

Landwirtschaftliche Tierzucht von *H. Vogel.* Die Züchtung und Haltung der landwirtschaftlichen Nutztiere. 139 Seiten mit 11 Abbildungen. 1952 . . . . Bd. 228

Kulturtechnische Bodenverbesserungen von *O. Fauser.* 4., neubearbeitete Auflage.
I: Allgemeines, Entwässerung. 122 Seiten mit 47 Abbildungen. 1947 . . . . Bd. 691
II: Bewässerung, Ödlandkultur, Umlegung. 150 Seiten mit 67 Abbildungen. 1949 . . . . Bd. 692

Agrikulturchemie von *K. Scharrer.*
I: Pflanzenernährung. 143 Seiten. 1953 . . . . Bd. 329

Geologie · Mineralogie · Kristallographie

Kristallographie von *W. Bruhns†* und *P. Ramdohr.* 4. Auflage. 106 Seiten mit 163 Abbildungen. 1954 . . . . Bd. 210

Einführung in die Kristalloptik von *E. Buchwald.* 4., verbess. Auflage. 138 Seiten mit 121 Figuren. 1952 . . . . Bd. 619

Lötrohrprobierkunde von *M. Henglein.* Mineraldiagnose mit Lötrohr- und Tüpfelreaktion. 3., verbesserte Auflage. 91 Seiten mit 11 Figuren. 1949 . . . . Bd. 483

Mineral- und Erzlagerstättenkunde von *H. Huttenlocher.*
I: 128 Seiten mit 34 Abbildungen. 1954 . . . . Bd. 1014
II: 156 Seiten mit 48 Abbildungen. 1954 . . . . . . Bd. 1015/1015a

Mineralogie von *R. Brauns†* und *K. F. Chudoba.* 9. Auflage.
I: Allgemeine Mineralogie. 104 Seiten mit 107 Figuren, 1 Tafel, 2 Tabellen. 1955 . . . . Bd. 29
II: Spezielle Mineralogie. 133 Seiten mit 105 Figuren. 1955 Bd. 31

Petrographie. Von *W. Bruhns†* und *P. Ramdohr.* 4., durchgesehene Auflage. 104 Seiten mit 10 Figuren. 1955 . . . Bd. 173

Geologie von *F. Lotze.* 176 Seiten mit 80 Abbildungen. 1955 . Bd. 13

Technik

Elektrotechnik

Die Gleichstrommaschine von *K. Humburg*. Durchgesehener Neudruck.
I: 102 Seiten mit 59 Abbildungen. 1949 . . . . Bd. 257
II: 98 Seiten mit 38 Abbildungen. 1949 . . . . Bd. 881

Die synchrone Maschine von *K. Humburg*. Neudruck. 109 Seiten mit 78 Bildern. 1951 . . . . Bd. 1146

Induktionsmaschinen von *F. Unger*. 2., erweiterte Auflage. 142 Seiten mit 49 Abbildungen. 1954 . . . . Bd. 1140

Die komplexe Berechnung von Wechselstromschaltungen von *H. H. Meinke*. 160 Seiten mit 114 Abbildungen. 1949 . Bd. 1156

Theoretische Grundlagen zur Berechnung der Schaltgeräte von *F. Kesselring*. 3. Auflage. 144 Seiten mit 92 Abbildungen. 1950 . . . . Bd. 711

Elektromotorische Antriebe (Grundlagen für die Berechnung) von *A. Schwaiger*. 3., neubearbeitete Auflage. 96 Seiten mit 34 Abbildungen. 1952 . . . . Bd. 827

Technische Tabellen und Formeln von *W. Müller*. 4., verbesserte und erweiterte Auflage von *E. Schulze*. 152 Seiten mit 105 Figuren. 1951 . . . . Bd. 579

Überspannungen und Überspannungsschutz von *G. Frühauf*. Durchgesehener Neudruck. 122 Seiten mit 98 Abbildungen. 1950 . . . . Bd. 1132

Maschinenbau

Metallkunde. Einführendes über Aufbau, Eigenschaften und Untersuchung von Metallen und Legierungen sowie über Grundlagen des Schmelzens, des Gießens, des Verformens, der Wärmebehandlung, der Oberflächenbehandlung, der Verbinde- und Trennarbeiten von *H. Borchers*.
I: Aufbau der Metalle und Legierungen. 3. Auflage. 1955. In Vorbereitung . . . . Bd. 432
II: Eigenschaften. Grundzüge der Form- und Zustandsgebung. 2. Auflage. 154 Seiten mit 8 Tabellen und 100 Abbildungen. 1952 . . . . Bd. 433

Dynamik von *W. Müller*. 2., verbesserte Auflage.
I: Dynamik des Einzelkörpers. 128 Seiten mit 48 Figuren. 1952 . . . . Bd. 902
II: Systeme von starren Körpern. 102 Seiten mit 41 Figuren. 1952 . . . . Bd. 903

Technische Schwingungslehre von *L. Zipperer*. 2., neubearbeitete Auflage.
I: Allgemeine Schwingungsgleichungen, einfache Schwinger. 120 Seiten mit 101 Abbildungen. 1953 . . . . . Bd. 953
II: Torsionsschwingungen in Maschinenanlagen. 102 Seiten mit 59 Abbildungen. 1955. . . . . Bd. 961/961a

Werkzeugmaschinen von *K. P. Matthes.*
I: 110 Seiten mit 27 Abbildungen, 11 Zahlentafeln im Text und 1 Tafelanhang. 1954 . . . . Bd. 561
II: 1955. In Vorbereitung . . . . Bd. 562

Die Maschinenelemente von *E. A. vom Ende.* 2., verbesserte Auflage. 159 Seiten mit 173 Figuren und 12 Tafeln. 1950 Bd. 3

Das Maschinenzeichnen mit Einführung in das Konstruieren von *W. Tochtermann.* 4. Auflage.
I: Das Maschinenzeichnen. 156 Seiten mit 77 Tafeln. 1950 Bd. 589
II: Ausgeführte Konstruktionsbeispiele. 130 Seiten mit 58 Tafeln. 1950 . . . . Bd. 590

Getriebelehre von *P. Grodzinski.* 2., neubearbeitete Auflage.
I: Geometrische Grundlagen. 159 Seiten mit 142 Figuren. 1953 . . . . Bd. 1061

Gießereitechnik von *H. Jungbluth.*
I: Eisengießerei. 126 Seiten mit 44 Abbildungen. 1951 . . Bd. 1159

Die Dampfkessel und Feuerungen einschließlich Hilfseinrichtungen in Theorie, Konstruktion und Berechnung von *W. Marcard*†. 2. Auflage. Neubearbeitet von *K. Beck.*
I: Die theoretischen Grundlagen. Wärme, Verbrennung, Wärmeübertragung. 150 Seiten mit 42 Abbildungen und 16 Tabellen. 1951 . . . . Bd. 9
II: Dampfkessel. 147 Seiten mit 43 Abbildungen. 1952 . Bd. 521

Dampfturbinen von *C. Zietemann.* 3., verbesserte Auflage.
I: In Vorbereitung . . . . Bd. 274

Technische Thermodynamik von *W. Nusselt.*
I: Grundlagen. 3., verbesserte Auflage. 144 Seiten mit 71 Abbildungen. 1950 . . . . Bd. 1084
II: Theorie der Wärmekraftmaschinen. Neudruck. 144 Seiten mit 87 Abbildungen und 32 Zahlentafeln. 1951 . . Bd. 1151

Autogenes Schweißen und Schneiden von *H. Niese.* 5. Auflage. Neubearbeitet von *A. Küchler.* 136 Seiten mit 71 Figuren. 1954 . . . . Bd. 499

Elektrische Schweißverfahren von *H. Niese.* 2. Auflage. Neubearbeitet von *H. Dienst.* 136 Seiten mit 58 Abbildungen. 1955 . . . . Bd. 1020

Hebezeuge von *G. Tafel.*
I: 2., verbesserte Auflage. 276 Seiten mit 230 Figuren. 1954 . . . . Bd 414/414a

Wasserbau

Wasserkraftanlagen von *A. Ludin.*
I: Planung, Grundlagen und Grundzüge. 124 Seiten mit 60 Abbildungen. 1955 . . . . Bd. 665
II: In Vorbereitung . . . . Bd. 666

Verkehrswasserbau von *H. Dehnert.*
I: Entwurfsgrundlagen, Flußregelungen. 103 Seiten mit 52 Textabbildungen. 1950 . . . . Bd. 585
II: Flußkanalisierungen und Schiffahrtskanäle. 94 Seiten mit 60 Textabbildungen. 1950 . . . . Bd. 597
III: Schleusen und Hebewerke. 98 Seiten mit 70 Textabbildungen. 1950 . . . . Bd. 1152

Talsperren von *F. Tölke.* 122 Seiten mit 70 Abbildungen. 1953 Bd. 1044

Wehr- und Stauanlagen von *H. Dehnert.* 134 Seiten mit 90 Abbildungen. 1952 . . . . Bd. 965

Hoch- und Tiefbau

Die wichtigsten Baustoffe des Hoch- und Tiefbaus von *O. Graf.* 4., verbesserte Auflage. 131 Seiten mit 63 Abbildungen. 1953 . . . . Bd. 984

Baustoffverarbeitung und Baustellenprüfung des Betons von *A. Kleinlogel.* 2., neubearbeitete und erweiterte Auflage. 126 Seiten mit 35 Abbildungen. 1951 . . . . . . Bd. 978

Festigkeitslehre von *W. Gehler*† und *W. Herberg.*

I: Elastizität, Plastizität und Festigkeit der Baustoffe und Bauteile. Durchgesehener und erweiterter Neudruck. 159 Seiten mit 18 Bildern. 1952 . . . . Bd. 1144

II: Formänderung, Platten, Stabilität und Bruchhypothesen. Bearb. von W. Herberg und N. Dimitrov. 187 Seiten mit 94 Bildern. 1955 . . . . Bd. 1145/1145a

Grundlagen des Stahlbetonbaus von *A. Troche.* 2., neubearbeitete und erweiterte Auflage. 208 Seiten mit 75 Abbildungen, 17 Bemessungstafeln und 20 Rechenbeispielen. 1953 . . . . Bd. 1078

Fenster, Türen, Tore aus Holz und Metall. Eine Anleitung zu ihrer guten Gestaltung, wirtschaftlichen Bemessung und handwerksgerechten Konstruktion von *W. Wickop.* 4., überarbeitete Auflage. 155 Seiten mit 95 Abbildungen 1955 . . . . Bd. 1092

Heizung und Lüftung von *J. Körting*† und *W. Körting.* 8., neubearbeitete Auflage.

I: Das Wesen und die Berechnung der Heizungs- und Lüftungsanlagen. 140 Seiten mit 29 Abbildungen und 18 Zahlentafeln. 1951 . . . . Bd. 342

II: Die Ausführung der Heizungs- und Lüftungsanlagen. 152 Seiten mit 165 Abbildungen und 7 Zahlentafeln. 1954 . . . . Bd. 343

SAMMLUNG GÖSCHEN / BANDNUMMERNFOLGE

1 Langosch, Der Nibelunge Nôt
3 vom Ende, Maschinenelemente
9 Marcard-Beck, Dampfkessel I
13 Lotze, Geologie
20 Hofstaetter-Spree, Dt. Sprachlehre
29 Brauns-Chudoba, Allg. Mineralogie
30 Eckert-Greifendorff-Kleffner, Kartenkunde
31 Brauns-Chudoba, Spez. Mineralogie
37 Klemm, Anorganische Chemie
38/38a Schlenk, Organ. Chemie
42 Behn, Vorgeschichte Europas
51 Bürklen-Ringleb, Mathematische Formelsammlung
60 Biehle, Stimmkunde
61 Biehle, Redetechnik
66 Berneker-Vasmer, Russische Grammatik
70 Nestle, Griech. Literaturgesch. I
71 Schulze, Allgem. und physikalische Chemie I
76 Döring, Einführ. i. d. theoret. Physik I
77 Döring, Einführ. i. d. theoret. Physik II
79 Hempel, Gotisches Elementarbuch
80 Weigert, Stilkunde I
87 Witting, Differentialrechnung
88 Witting, Integralrechnung
101 v. Wiese, Soziologie
111 Hoffmann-Debrunner, Geschichte der griech. Sprache I
114 Debrunner, Geschichte der griech. Sprache II
117 Brandenstein, Griechische Sprachwissenschaft
125 Vossler, Italienische Literaturgeschichte
128 Lausberg, Roman. Sprachwiss. I
136 Mahler, Physikalische Formelsammlung
141 Geitler, Morphologie der Pflanzen
142 Haack, Darst. Geometrie I
143 Haack, Darst. Geometrie II
145 Weimer, Geschichte der Pädagogik
146 Witting, Repetitorium und Aufgabensammlung zur Differentialrechnung
147 Witting, Repetitorium und Aufgabensammlung zur Integralrechnung
156/156a Landmann, Philosoph. Anthropologie
170 Oehlmann, Musik des 19. Jahrhunderts
173 Bruhns-Ramdohr, Petrographie
180 Böhm, Versicherungsmathematik I
184 Blümcke, Spinnerei und Zwirnerei
200/200a Gottschald, Dt. Rechtschreibungswörterbuch
210 Bruhns-Ramdohr, Kristallographie
220/220a Moser, Allgemeine Musiklehre
221 Jander-Jahr, Maßanalyse I
222 Hassak-Beutel, Warenkunde I
223 Hassak-Beutel, Warenkunde II
226 Hofmann, Geschichte der Mathematik I
228 Vogel, Landw. Tierzucht
230 Krieger, Bad. Geschichte
243 Mahler, Physikal. Aufgabensammlung
247 Hoppe, Analytische Chemie I
248 Hoppe, Analytische Chemie II
250 Lausberg, Roman. Sprachwiss. II
252 Dassler, Elektrochemie I
253 Dassler, Elektrochemie II
256 Haussner, Aufgabensammlung zur analytischen Geometrie der Ebene
257 Humburg, Die Gleichstrommaschine I
264 Lockemann, Geschichte der Chemie I
265/265a Lockemann, Geschichte der Chemie II
270 Kirn, Einführung in die Geschichtswissenschaft
274 Zietemann, Dampfturbinen I
279 Jacob, Quellenkunde der deutschen Geschichte I
280 Jacob, Quellenkunde der deutschen Geschichte II

281 Leisegang, Einführung in di Philosophie
284 Jacob-Weden, Quellenk nde deutschen Geschichte III
319 Krug, Australien und Ozeanien
329 Scharrer, Agrikulturchemie I
335 Braun-Klug, Fette und Öle
336 Braun-Klug, Seifenfabrikation
342 Körting, Heizung und Lüftung I
343 Körting, Heizung und Lüftung II
344 Moser, Musikästhetik
354 Valentiner, Vektoranalysis
355 Neger-Münch, Nadelhölzer
356 Lüdemann, Fische
375 Preller, Geschichte Englands I
394/394a Schilling, Von der Renaissance bis Kant
414/414a Tafel, Hebezeuge I
422 Gottschald, Dt. Personennamen
423 Adler, Fünfstell. Logarithmen
432 Borchers, Metallkunde I
433 Borchers, Metallkunde II
439 Jaeckel, Würmer
440 Jaeckel, Weichtiere
441 Jaeckel, Stachelhäuter
445 Asmus, Physikal.-chemische Rechenaufgaben
452 Bahrdt-Scheer, Stöchiometrische Aufgabensammlung
468 Werkmeister, Vermessungskunde I
469 Werkmeister, Vermessungskunde II
483 Henglein, Lötrohrprobierkunde
492 Stolz-Debrunner, Geschichte der lateinischen Sprache
499 Niese, Autogen. Schweißen
500 Simmel, Hauptprobleme der Philosophie
521 Marcard-Beck, Dampfkessel und Feuerungen II
536 Lehmann, Kant
538 Rumpf, Archäologie I
539 Rumpf, Archäologie II
557 Nestle, Griechische Literaturgeschichte II
561 Matthes, Werkzeugmaschinen I
562 Matthes, Werkzeugmasch. II
564 Behn, Kultur der Urzeit I
565 Behn, Kultur der Urzeit II
566 Behn, Kultur der Urzeit III
571 Lehmann, Philosophie des 19. Jahrhunderts I
576/576a Moser, Gesangskunst
579 Müller-Schulze, Techn. Tabellen
585 Dehnert, Verkehrswasserbau I
589 Tochtermann, Maschinenzeichnen I
590 Tochtermann, Maschinenzeichnen II
594 Lengerken, Insekten
597 Dehnert, Verkehrswasserbau II
619 Buchwald, Kristalloptik
665 Ludin, Wasserkraftanlagen I
666 Ludin, Wasserkraftanlagen II
668 Knopp, Funktionentheorie I
691 Fauser, Kulturtechn. Bodenverbesserungen I
692 Fauser, Kulturtechn. Bodenverbesserungen II
698 Schulze, Allgemeine und physikalische Chemie II
703 Knopp, Funktionentheorie II
709 Lehmann, Philosophie des 19. Jahrhunderts II
711 Kesselring, Berechnung der Schaltgeräte
718 Neger-Münch, Laubhölzer
763/763a Beer-Meyer, Hebräische Grammatik I
764/764a Beer-Meyer, Hebräische Grammatik II
768 Bieberbach, Einführung in die konforme Abbildung
780 Krahe, Germ. Sprachwiss. II
781 Weigert, Stilkunde II
768 Schulze, Molekülbau
807 Kropp, Erkenntnistheorie I
809 Moser, Harmonielehre I
826 Koch, Philosophie des Mittelalters
827 Schwaiger, Elektromotorische Antriebe
837 Baumgartner, Gruppentheorie
845 Lehmann, Philosophie im ersten Drittel des 20. Jahrhunderts
847 Herter, Lurche
857 Capelle, Griech. Philosophie I
858 Capelle, Griech. Philosoph. II
859 Capelle, Griech. Philosoph. III
862 Werkmeister, Vermessungskunde III
863 Capelle, Griech. Philosoph. IV
877 Knopp, Aufgabensammlung zur Funktionentheorie I

878 Knopp, Aufgabensammlung zur Funktionentheorie II
881 Humburg, Gleichstrommaschine II
902 Müller, Dynamik I
903 Müller, Dynamik II
910 Jaeger, Afrika I
911 Jaeger, Afrika II
917/917a Böhm, Versicherungsmathematik II
920 Hoheisel, Gewöhnliche Differentialgleichungen
929 Schirmer, Dt. Wortkunde
930 Krull, Elementare und klassische Algebra I
931 Hasse, Höhere Algebra I
932 Hasse, Höhere Algebra II
953 Zipperer, Techn. Schwingungslehre I
961/961a Zipperer, Techn. Schwingungslehre II
965 Dehnert, Wehr- u. Stauanlagen
970 Baldus-Löbell, Nichteuklid. Geometrie
972 Herter, Tierphysiologie I
973 Herter, Tierphysiologie II
978 Kleinlogel, Baustoffverarbeitung und Baustellenprüfung des Betons
984 Graf, Die wichtigsten Baustoffe des Hoch- und Tiefbaus
999/999a Kamke, Mengenlehre
1000 Jaspers, Geistige Situation
1002 Jander-Jahr, Maßanalyse II
1003 Hoheisel, Partielle Differentialgleichungen
1008 Mellerowicz, Allgemeine Betriebswirtschaftslehre I
1009 Bechert-Gerthsen, Atomphysik I
1014 Huttenlocher, Mineral- und Erzlagerstättenkunde I
1015/1015a Huttenlocher, Mineral- und Erzlagerstättenkunde II
1021 Niese-Dienst, Elektr. Schweißverfahren
1031 Apel, Philosophisches Wörterbuch
1033 Bechert-Gerthsen, Atomphysik II
1034 Kranefeldt, Therapeutische Psychologie
1039 Dovifat, Zeitungslehre I
1040 Dovifat, Zeitungslehre II
1044 Tölke, Talsperren
1045 Schubert, Technik des Klavierspiels
1051/1051a zu Stolberg-Wernigerode, Gesch. d. Verein. Staaten v. Amerika
1057 Roth, Thermochemie
1059 Hoheisel, Aufgabensammlung zu den gewöhnl. und partiellen Differentialgleichungen
1061 Grodzinski, Getriebelehre I
1065 Haller, Von den Karolingern zu den Staufern
1070 Sauter, Differentialgleichungen der Physik
1078 Troche, Stahlbetonbau
1082 Hasse-Klobe, Aufgabensammlung zur Höheren Algebra
1084 Nusselt, Technische Thermodynamik I
1086 Müller, Dt. Dichten u. Denken
1088 Preller, Geschichte Englands II
1092 Wickop, Fenster, Türen, Tore,
1094 Hernried, System. Modulation
1096 Viëtor, Dt. Dichten u. Denken
1105 Hartung, Dt. Geschichte im Zeitalter der Reformation
1108 de Boor, Mittelhochdeutsches Elementarbuch
1109 Knopp, Elemente der Funktionentheorie
1111 Naumann-Betz, Althochdeutsches Elementarbuch
1113 Strubecker, Differentialgeometrie I
1114 Schubel, Englische Literaturgeschichte I
1115 Ranke, Altnord. Elementarbuch
1116 Meissner, Englische Literaturgeschichte II
1121 Naumann, Dt. Dichten und Denken
1122 Feist, Sprechen und Sprachpflege
1123/1123a Bechert-Gerthsen, Atomphysik III
1124 Meissner, Englische Literaturgeschichte III
1125 Lehnert, Altengl. Elementarbuch

1127 Hartmann, Geschlecht und Geschlechtsbestimmung im Tier- und Pflanzenreich
1128 Buchner, Symbiose der Tiere mit pflanzl. Mikroorganismen
1130 Dibelius, Jesus
1131 Scholz-Schoeneberg Einführung in die Zahlentheorie
1132 Frühauf, Überspannungen und Überspannungsschutz
1134 Kuckuck, Pflanzenzüchtung I
1135 Lehnert, Beowulf
1136 Meissner, Englische Literaturgeschichte IV
1137 Heil, Entwicklungsgeschichte des Tier- und Pflanzenreichs
1138 Hämmerling, Fortpflanzung im Tier- und Pflanzenreich
1140 Unger, Induktionsmaschinen
1141 Koller, Hormone
1142 Meissner-Lehnert, Shakespeare
1144 Gehler, Festigkeitslehre I
1145/1145a Herberg, Festigkeitslehre II
1146 Humburg, Synchrone Maschine
1147 v. Waltershausen, Kunst des Dirigierens
1148 Pepping, Der polyphone Satz I
1151 Nusselt, Technische Thermodynamik II
1152 Dehnert, Verkehrswasserbau III
1153 Mellerowicz, Allgem. Betriebswirtschaftslehre II
1154 Mellerowicz, Allgem. Betriebswirtschaftslehre III
1155 Schwartz, Mikrobiologie I
1156 Meinke, Kompl. Berechnung der Wechselstromschaltungen
1157 Schwartz, Mikrobiologie II
1158 Mayrhofer, Sanskrit-Grammatik
1159 Jungbluth, Gießereitechnik I
1160 Dibelius-Kümmel, Paulus
1161 Kaestner, Spinnentiere
1162 Seidel, Entwicklungsphysiologie der Tiere I
1163 Seidel, Entwicklungsphysiologie der Tiere II
1165/1165a Bechert-Gerthsen, Atomphysik IV
1169 Paulsen, Allgem. Volkswirtschaftslehre I

AUTORENREGISTER

80/55